J. S. Nobre

Comece o dia Feliz

Reflexões

Paulinas
Rua Dona Inácia Uchôa, 62
04110-020 - São Paulo - SP (Brasil)
Tel.: (11) 3123-5500
http://www.paulinas.org.br - editora@paulinas.com.br
Telemarketing e SAC: 0800-7010081
© Pia Sociedade Filhas de São Paulo - São Paulo, 1990

20ª edição – 2011
8ª reimpressão – 2021

Direção-geral: *Flávia Reginatto*
Editora responsável: *Andréia Schweitzer*
Coordenação de revisão: *Marina Mendonça*
Revisão: *Ruth Mitzuie Kluska*
Direção de arte: *Irma Cipriani*
Assistente de arte: *Sandra Braga*
Gerente de produção: *Felício Calegaro Neto*
Projeto gráfico e produção de arte: *Telma Custódio*

Paulinas
Rua Dona Inácia Uchoa, 62
04110-020 – São Paulo – SP (Brasil)
Tel.: (11) 2125-3500
http://www.paulinas.com.br – editora@paulinas.com.br
Telemarketing e SAC: 0800-7010081
© Pia Sociedade Filhas de São Paulo – São Paulo, 1990

Introdução

COMECE O DIA FELIZ – assim eu preferi intitular os pensamentos que lhe proponho para o início de cada dia.

Abra ao acaso, cada manhã, qualquer página. Aquela que lhe cair ante os olhos, seja a da esquerda ou da direita, tome-a como a que lhe está reservada para ler e meditar.

É importante que, antes de sair para seu trabalho diário, você pense um pouco sobre uma face qualquer da Verdade que deve conduzi-lo a viver melhor o seu dia.

O Apóstolo escreveu que "o que é justo, verdadeiro, puro, santo e amável, o que goza de boa fama, o que é virtude ou disciplina louvável, tudo isso deve ser meditado".

Não tenho a intenção de ensinar. O que desejo é lhe dar oportunidade para pensar mais um pouco em todas essas coisas do nosso dia a dia.

Você encontrará por vezes o mesmo assunto sob outra forma. Não faz mal, antes faz bem pensar mais vezes sobre tais necessidades. Não são ensinamentos, mas, pensamentos de vida.

Assim, ofereço-lhe todas essas razões para você meditar.

É a forma que encontro para colaborar no edifício da sua perfeição.

O autor

Louvor ao Criador

Você já se deteve em pensar como é importante a reflexão sobre qualquer face da VERDADE, ao seu primeiro contato com o dia que Deus lhe concede viver?

Logo ao se levantar, fixe-se numa ideia, digerindo-a intelectualmente, pousando o seu espírito sobre ela, extraindo lições com as quais se prepare para o novo dia de sua luta.

Faça isto habitualmente, todas as manhãs, antes de começar o seu trabalho.

Depois, vá à janela, olhe o dia que nasce para você, olhe a vida ao seu redor, respire fundo e louve ao seu Criador.

Ser você mesmo

Viva sempre conforme os ditames da sua consciência.

Não se importe com o que os outros possam pensar ou falar a seu respeito. O seu único juiz é Deus. Somente a ele você terá que dar contas de seus atos, de sua vida.

Viva sempre como se tivesse que ser julgado em cada ato seu.

Assim, a sua consciência o colocará dentro da realidade do Bem e da Justiça, mas tão somente por causa da Justiça divina.

Liberdade religiosa

Você tem a sua religião e não abrirá mão do direito de professá-la fielmente.

Evite discutir sobre a religião dos outros. Religião é ligação do ser humano com Deus. É coisa sagrada, portanto. Cada um tem o direito inalienável de adotar a crença que lhe pareça melhor para a sua tranquilidade interior e ninguém tem o direito de zombar dela, nem questionar.

Respeite sempre a convicção religiosa de seu semelhante.

Esta é a única maneira de exigir que a sua seja respeitada.

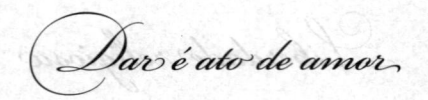

Dar é ato de amor

Você costuma dar esmolas nas esquinas e calçadas?

Cuidado! Esmola é ato de caridade e, por isso, tem que ser bem praticada.

Veja bem se quem lhe estende a mão é mesmo um necessitado, desvalido e incapaz de trabalhar. Você poderá estar estimulando um viciado ou fabricando um vagabundo, o que seria até um pecado.

Quando abrir a sua mão para dar uma esmola, pense em Deus e a dê como é pedida – "pelo amor de Deus".

Nunca humilhe o pobre só para engordar a sua vaidade aos olhos dos outros.

Esmola é ato de amor.

Ser gratuidade

Procure a prática de amor conforme ensina o Divino Mestre – amando ao próximo como a si mesmo.

Aprenda que o seu próximo é todo aquele que passa por você, seja rico ou pobre, sábio ou ignorante, empregado ou patrão, parente ou estranho.

Gostar de um amigo ou somente de quem é simpático a você não lhe confere mérito nenhum. Você agrada muito a Deus quando pratica a caridade para com aquele que lhe não é simpático. É mais cristã a caridade quando ela exige o nosso sacrifício em praticá-la.

Lembre-se de que até um sorriso pode ser um grande ato de amor.

O pequeno será grande

"Quem se exalta será humilhado, mas quem se humilha será exaltado". É do Evangelho esta máxima que nos ensina a humildade como a mais bela das virtudes.

Procure ser menor do que lhe quer fazer a sua vaidade. Nunca se julgue melhor, nem mais importante do que ninguém. Nunca se pense indispensável ou insubstituível em seu trabalho, pois ninguém o é. Somente Deus é indispensável.

A história humana está repleta desses grandes que foram substituídos por outros e não fizeram falta alguma.

Quanto menor você se fizer, mais admirado e estimado você será por todos que o cercam.

Prova de amor

Você louva a Deus nos sofrimentos?

É muito fácil sorrir para ele nas alegrias, na saúde, na prosperidade, nas festas da vida.

Às vezes o Pai quer provar o seu amor enviando-lhe uma enfermidade, uma adversidade, uma incompreensão de alguém, um mal-estar qualquer.

Como é que você o tem recebido? Revolta-se ou bendiz a Deus?

Aprenda a louvar ao Senhor nas adversidades, do mesmo modo como você o sabe louvar nas alegrias e na prosperidade.

Seja sincero em sua relação com Deus – Criador e Pai.

Viver o presente

Nós todos somos o "agora" em que vivemos.

A nossa responsabilidade perante Deus e a sociedade é medida por este ato que estamos praticando, por este momento que estamos vivendo.

Você está preso ao seu passado? Por quê?

Está preocupado em demasia com o futuro?

O dia de ontem você já o viveu – bem ou mal. Não voltará.

O de amanhã, nem você sabe se o verá.

Então, resta-lhe a certeza de que precisa viver muito bem este momento que Deus lhe dá. Ele poderá valorizar o seu passado e preparar o futuro que vier.

 Ter e ser

É perigosa ilusão viver-se preocupado em trocar o verbo SER pelo TER.

TER é transitoriedade que passa correndo, sem deixar marcas de sua presença. Melhor, muito melhor, é o verbo SER, que, este sim, essencializa a permanência dos valores maiores da personalidade humana – os espirituais e morais.

SER é essencial. TER é acidental.

Preocupe-se sempre em ser bom, justo, feliz. Isso é muito mais importante do que viver preocupado em ter, em somar, em multiplicar.

Deus é a Vida. Deus não tem vida.

O trabalho enobrece

Todos nós temos uma soma de deveres a cumprir. A vida exige de cada um o direito de lutar e vencer.

Os únicos títulos de orgulho que podemos ostentar devem ser os mesmos para todos – trabalho e honradez.

Não se envergonhe o diploma de um doutor, se um dia tiver de ser exibido ao lado do contrato de trabalho de um modesto operário. Nem se amesquinhe o sábio, se um dia tiver de aprender qualquer coisa do analfabeto.

O trabalho é a grande escola da vida. Ele nivela as desigualdades, implanta o amor e irmana os seres humanos.

Procure vencer pelo trabalho honrado.

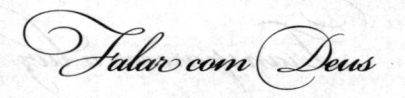

Falar com Deus

A oração é o meio que você tem de falar aos ouvidos de Deus.

Lembre-se de que quando reza tem a melhor oportunidade para pedir pelo seu próximo, antes que por si mesmo.

A oração, como colóquio entre o homem e Deus, não pode ser egoísta. Há que ser caridosa, fraterna e solidária.

Se você soubesse quanto agrada a Deus sentir o seu interesse pelo bem do seu semelhante, atrairia muito mais a proteção divina pedindo por ele em primeiro lugar.

O amor cristão consiste muito mais em dar do que em receber.

Transparecer a luz

Sempre se afirmou que os olhos são as janelas da alma.

Jesus Cristo falou: "A lâmpada que ilumina o corpo é o olho. Se teu olho for límpido, ficarás todo cheio de luz; mas se teu olho for ruim, ficarás todo em trevas! Examina, pois, se a luz em ti não são trevas!" (Lc 11,34-35).

Olhe com simplicidade todas as coisas.

A natureza é, toda ela, repleta das belezas de Deus. Nada há que seja impuro na obra divina, porque nela se assentou a presença do Criador.

Não profane com a sua maldade o que Deus criou para refletir a sua perfeição.

A presença amiga

É muito antigo, mas sempre verdadeiro este axioma: "Na prosperidade os amigos o rodeiam; na adversidade todos o abandonam".

Não medite sobre isto com motivo para seu desalento, nem desânimo, nem decepção. Antes, retire dele a melhor conclusão. Pense em como tem sido grande a estultice de quem superestima a sua grandeza e superalimenta a sua vaidade.

Quem pode se julgar tão grande e tão importante nesta vida?

O reino da Verdade não é feito de louvores humanos. Ele é constituído com cada ato de humildade na prática do bem.

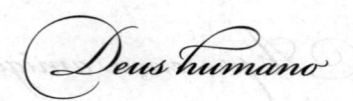

Deus humano

Você já se deteve no pensamento de como é bom ter um Deus tal como você o tem?

Um Deus feito carne. Um Deus feito homem.

Um Deus que é seu Pai e, ao mesmo tempo, seu irmão.

Você tem um Deus palpável, andando pelo chão do mundo, na imagem do amor, na encarnação da paz.

Este Deus que é todo seu veio à terra saudado pela música dos anjos que lhe cantaram o "Glória a Deus nas alturas".

Você tem pensado nisso? E pensando, tem agradecido a ele por estar tão junto de você?

Sentir-se bem

Evite quanto puder o erro. Evite falar ou fazer algo de que depois tenha que se arrepender.

O seu erro pode até escapar ao conhecimento e à maledicência alheia, mas jamais escapará ao juízo implacável da sua consciência. Esta lhe cobrará severamente o ato errado que praticar, porque ela é a voz interior que Deus lhe deu. Ela tanto lhe aplaude o bem, como lhe penaliza o mal.

É ela que lhe dá aquela satisfação interior de ser bom, mas é ela, também, que traz o mal-estar do remorso, após cada erro que você cometer.

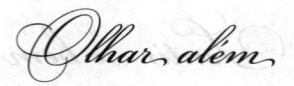

Olhar além

Falta-lhe alguma coisa de que necessita?

Busque-a!

Tem tudo o que lhe basta?

Conserve-o!

Sobram-lhe bens e riquezas?

Procure reparti-los entre os seus irmãos mais necessitados.

Você tem obrigação de buscar tudo o que for necessário para a sua sobrevivência, sua saúde, seu conforto, sua tranquilidade. Mas, lembre-se de que ao seu redor alguém está precisando de algo que lhe está sobrando. Ajude-o, é um irmão seu.

Agradecer

Agradecer é sempre a melhor maneira de merecer.

Você sabe de algum ingrato feliz da vida?

Todos os dias você se levanta após uma noite em que o sono o alimentou e descansou seu corpo cansado do trabalho, no desempenho das suas responsabilidades.

Ao se levantar, abrindo a janela, contemplando a luz que é vida, respirando o ar da manhã, ganhando mais um dia na vida, você pensa em Deus? Agradece-lhe a graça de viver que se renova a cada dia, por obra da generosidade divina?

Obrigado, Senhor!

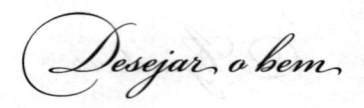

Desejar o bem

A inveja é sentimento negativo que vem de dentro para fora, como uma força que explode em substância de maldade.

Se lhe deve ser aconselhado que fuja de todos os invejosos, pois eles só lhe trazem a imagem de perigoso prejuízo, é também muito importante que você lute por não invejar o bem, nem a felicidade de quem quer que seja.

Convença-se de que só vale realmente para você aquilo que foi conquistado com o seu esforço pessoal ou lhe tenha vindo como dádiva da bondade divina.

Não queira outros bens que não esses.

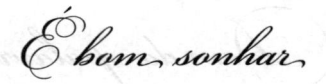

É bom sonhar

Sonhar é repetir na alma aquelas imagens e coisas que conseguiram nos impressionar.

O sonho é como um videoteipe da vida, ora nos revivendo as coisas mais belas e agradáveis, ora nos trazendo de volta os pesadelos incômodos.

Procure recebê-los como coisas naturais, sem se preocupar em decifrar os que lhe parecem esquisitos e sem se afligir com os que lhe pareceram agourentos.

Em pessoas normais, os sonhos representam impressões gravadas no subconsciente, naturalmente.

Sonhe, mas não se alarme com os seus sonhos.

Dom da palavra

Tome cuidado com o que diz.

A palavra é dom de Deus para a expressão do Bem, da Verdade e da Justiça.

Use-a com a propriedade que ela exige de você.

"No começo era o Verbo (palavra--ideia) e o Verbo era Deus" (Jo 1,1).

Quando você fala mal de alguém, a sua consciência lhe cobra. Você não consegue ter tranquilidade quando volta à sua casa, levando o peso da responsabilidade sobre as consequências do mal que poderá causar aquilo que falou, em certa roda, de alguma pessoa.

Discipline a sua língua e não se arrependerá.

Alegria de confortar

Disponha-se a visitar alguém que está enfermo.

Os enfermos, quer pela debilidade física em que se encontram, quer pela natural depressão psíquica que os assalta e que a fraqueza física produz, costumam sentir-se muito sós. Sobretudo ao cair da tarde, na passagem do dia para a noite, é comum que o doente sinta um abatimento profundo, uma melancolia de fazer dó.

É nessa hora, principalmente, que uma palavra amiga, fraterna, chega como eficiente e poderoso bálsamo para o espírito daquela pessoa que sofre e merece o conforto da sua visita.

Irradiar alegria

Cultive a sua alegria interior.

Ela é fruto da paz de sua consciência e prova de que você está bem consigo mesmo.

Se ela existe em você, necessariamente fluirá para o seu exterior e irá se irradiar em seu ambiente de convivência ou em seu trabalho, tornando-o mais agradável e transformando a sua presença em algo sempre desejado.

Mostre a todos que a sua consciência está em paz e que você irradia essa paz em forma de felicidade.

Fará muito bem com isso.

Liberdade de ser

Nunca se faça escravo do juízo alheio.

Siga somente o juízo da sua consciência, sem se importar com o que pensam os outros a seu respeito.

Procure os caminhos da Verdade e do Bem, que estes emanam do Mestre e estão contidos em seus ensinamentos.

Os caminhos do mundo são tortuosos e só atingem o lado externo das aparências e das loucas vaidades. Jamais eles chegarão a conhecer e amar as lições divinas.

Viva sempre a sua vida dentro dos princípios iluminados pela sabedoria.

Dos seus atos você prestará conta, não do que de você pensam os outros.

Seguir em frente

Olhe sempre a vida que Deus lhe deu como uma oportunidade de praticar o bem, de ajudar a seu próximo.

Não pare em meio ao caminho olhando para trás, como a medir o que já fez ou deixou de fazer.

Enquanto estiver preso ao seu passado, bom ou mau, estará deixando de praticar o bem.

Dê a mão a quem dela precise. Uma palavra de amor e de consolo será sempre bem recebida, como bênção que vem do Alto. Um sorriso derramado com bondade cura muitos males e alivia muitas dores.

Vá pela vida a espalhar esperança e muita alegria.

A recompensa virá depois.

Harmonia interior

Mantenha-se sempre calmo.

Não se canse vivendo agitado, como se o seu espírito não estivesse sob a influência da paz e da tranquilidade, próprias de quem é justo e pratica o Bem.

A calma exterior é reflexo da paz interior, de quem está bem com a sua consciência. Não deixe que as tensões de fora perturbem o seu espírito. A azáfama do mundo tem que ser subordinada à harmonia interior de quem cumpre o seu dever cotidiano, nunca a causadora dos seus desgovernos e da sua desordem.

Seja sempre um mensageiro da paz e do amor.

Positivos no falar

Fale sobre o que é belo e bom. Evite falar a respeito do que é negativo.

Antes de tecer um comentário sobre alguém, respire, pense, conte mentalmente até três, nutrindo o seu corpo do oxigênio do Bem e o seu espírito da substância do Amor.

Somente assim você sairá de todas as rodas e de todas as conversas com a tranquilidade interior de quem não praticou mal algum e não tem de que se arrepender.

Cada vez que evitou um mal, de certa forma praticou um bem e agradou a Deus.

Positivos no pensar

O Mestre ensinou: "Não julgue, para não ser julgado. Não condene para não ser condenado".

Como se coloca a sua consciência diante deste conselho do Cristo?

Há em cada um de nós uma espécie de demônio que nos impele frequentemente a cuidar da vida alheia, medindo os atos, apontando e comentando os erros dos outros, como se fôssemos seus juízes.

Mas, quando de nós é que eles cuidam, comentam e maldizem... Gostamos ou ficamos revoltados?

"Não julgue para não ser julgado". É máxima universal.

Amar os doentes

Qual tem sido a sua conduta em relação às pessoas doentes?

Em seu mundo pode haver alguém precisando de seu auxílio, do seu carinho, da sua paciência.

Os enfermos, mais do que ninguém, necessitam da sua compreensão.

Não é por vontade que eles, às vezes, parecem implicantes e impacientes.

O corpo doente e enfraquecido altera o procedimento normal de qualquer pessoa.

O fato de estar alguém preso a um leito já o torna irritado por ter que depender, por ter que incomodar aos outros.

Tenha paciência e seja caridoso para com seus doentes.

Estar de bem com a vida

O otimismo é o retrato de quem procura estar de bem com a vida e faz com que os outros também assim estejam.

Coisa triste e ruim é o contato com uma pessoa para quem tudo vai mal e todas as pessoas estão erradas. Há um verdadeiro mal-estar em tal companhia. Quem assim vive só pode estragar o dia dos que tiveram a desventura de encontrá-lo.

Você, como tem procedido em relação à vida?

Será que aprendeu a ver ao seu redor os horizontes mais claros e mais belos?

É importante!

Realizar-se na luta

A vida faz parte de uma luta constante.

Orgulhe-se de seu passado quando você contempla, no presente, os frutos do seu trabalho.

Você não atropelou ninguém nos caminhos da sua ascensão. Nem teve a preocupação de saltar os degraus que o fizeram subir. Passo a passo, degrau por degrau, você cumpre o seu destino de lutar e vencer.

O que conquistou é seu, é fruto do seu querer e do seu esforço. O que é do vizinho você não cobiça, porque lhe basta o que Deus lhe permitiu possuir e é disto que lhe pedirá contas.

Simplicidade

Procure ser simples.

Viver com simplicidade é mais do que um ato de virtude. É também um ato de inteligência.

A simplicidade veste a pessoa de simpatia e a torna bastante agradável aos olhos dos que a cercam. A sua presença é bem comentada em qualquer lugar, em qualquer roda, onde quer que esteja.

Uma pessoa simples tem o privilégio de atrair para si muitos e bons amigos, tal o poder de influenciar que a simplicidade possui.

Só os simples são agradáveis aos olhos de Deus.

Respeitar o outro

Se você está seguro da sua opinião, mantenha-se firme em sustentá-la.

É bonito de se ver quem é capaz de viver as suas ideias e até de morrer por seus ideais. Não mude de opinião, a não ser quando descobrir que está incorrendo em erro.

Mas, não se esqueça de respeitar as opiniões alheias. O fato de você se ter como certo em seu modo de pensar não lhe confere o direito de impô--lo a ninguém.

Evite qualquer discussão que possa colocá-lo como um impostor.

Abandono

Ponha-se nas mãos de Deus.

Coloque-se na vontade divina por inteiro, assim como a criança se atira com toda a confiança no colo de sua mãe.

Deixe de se preocupar com o que será de sua vida. O Pai o chamou à vida não foi à toa. Nos desígnios divinos você já estava pensado e a Bondade de Deus já se deitava sobre você. Não discuta, atire-se todo, confiantemente, nas mãos de Deus.

Repita muitas vezes mentalmente: "O Senhor é o meu Pastor, nada me faltará" (Sl 23,1).

Autovalorização

"Quem quiser ser o maior entre vós seja aquele que vos serve, e quem quiser ser o primeiro entre vós seja o escravo de todos" (Mc 10,44-45).

Os humildes, somente os humildes contemplam a face de Deus, porque a humildade é a virtude que purifica a alma e permite que a luz divina nela penetre e a banhe de prata e felicidade.

Humilde não é aquele que faz leilão da sua personalidade. Não é humilde quem esconde ou nega seu próprio valor.

Humilde é todo aquele que se faz respeitar pelo que vale, pelo que é, pelo que possui, mas disso não faz ostentação e sempre afirma que é o que é pela misericórdia de Deus.

Saber conhecer

Tenha sempre como norma de vida a gratidão para com quem um dia lhe fez um favor.

Nunca dê razão a alguém para lhe atribuir aquela dura verdade de que o benefício é a véspera da ingratidão.

De todos os grandes defeitos que o homem possa ter este é o maior e o mais abominável.

O ingrato despreza, ofende e fere aquele a quem um dia estendeu a sua mão e a trouxe de volta com um benefício alcançado.

Se hoje você não puder falar ao seu benfeitor da sua gratidão, então peça a Deus que o recompense em seu nome.

O otimismo plenifica

O seu pensamento tem uma força incrível.

Tinha razão o filósofo René Descartes quando definia o homem como um ser que pensa, chegando até a afirmar: "Penso, logo eu existo".

Pense sempre no que é bom e salutar. Afaste de si todos os pensamentos negativos.

Evite atrair sobre seu corpo as dores, as doenças, os males, por força de tanto neles pensar. Aprenda a mudar certos rumos de sua vida pensando firmemente em sua saúde, em sua felicidade e em sua prosperidade.

Diga sempre: "A luz divina envolve o meu corpo e me dá saúde; envolve o meu espírito e me dá alegria".

Seja otimista!

A prudência gera serenidade

Seja sóbrio nas suas palavras.

É bem melhor que à hora de se deitar você possa sentir a tranquilidade de pensar que valeu a pena ter falado pouco naquela roda em que outros cometeram a imprudência de falarem demasiadamente.

É muito incômoda a sensação que se leva de uma leviandade no falar. Quanta gente depois que se afasta de uma roda de amigos tem que se lastimar de não haver medido suas palavras e disciplinado as suas opiniões.

Seja prudente e regrado em suas palavras.

Purificação

Entre a terra e o céu há uma estrada de purificação, também conhecida como de purgação.

É um tempo de purgatório. Entende-se melhor quando se pensa que é uma forma de escovar a poeira que ficou assentada ao longo dessa peregrinação terrena.

É que só se chega à presença de Deus sem nenhuma nódoa na alma, sem nenhuma poeira que lembre impureza.

Então, sabendo disso, você costuma se lembrar das almas do purgatório?

Reze a Deus por elas. Ajude-as a chegar mais depressa ao estágio da purificação que é a visão eterna do Pai.

Fé

Seja firme em sua fé.

A vida é uma procissão de dificuldades em direção aos seres humanos que habitam a terra.

Mas, a fé é a melhor medicina que a pessoa tem a seu dispor.

Não é à toa que Jesus afirma ser ela capaz de até remover montanhas.

Imagine, então, que potencial extraordinário existe dentro de você, para que, ao usá-lo, possa superar, uma a uma, todas essas dificuldades físicas, espirituais e morais que estão presentes na vida de todos nós, sem exceção.

Só se perde quem não exercita a sua fé.

Só perece quem não sabe lutar.

Vida: um dom

A vida é dom de Deus. Ela nos foi por ele confiada, como tesouro da eternidade morando no tempo.

Cuidar de sua saúde não é questão de querer ou não. Se a vida é dom de Deus, meça bem a sua responsabilidade em viver conforme o seu Criador quer, não como você poderia querer. Ela vem a você em corpo e alma.

Cuide bem da saúde do seu corpo, alimentando-se convenientemente, evitando os excessos no comer e no beber.

Conserve a alma pura e cheia de amor para com Deus, através do amor aos seus irmãos.

A vida é dom de Deus.

Coração em prece

Quando estiver em oração, eleve o seu pensamento ao Pai. Faça-o na comunhão do amor, isto é, lembre-se de que a sua prece agradará ao Senhor na medida em que contemple essa multidão de irmãos que precisam muito mais do que você.

Quando rezar, pense que está acendendo uma vela. Quem será primeiramente iluminado? Você, é claro.

Então, cada vez que se dispuser a rezar, pensando em seus irmãos, você estará iluminando os espaços que Deus virá ocupar, onde o primeiro a ser por ele contemplado será você mesmo.

Seja o instrumento pelo qual Deus veja seu irmão.

Fazer o bem

Seja alegremente um operário do BEM.

Há um princípio muito acertado que diz: "Ninguém é tão pobre que não possa ajudar, nem tão rico que não venha a precisar".

Seja onde for, esteja onde estiver, você terá oportunidade de estender suas mãos para ajudar alguém. Haverá sempre alguém, pelas esquinas da vida, à espera de um favor seu. Todo ato de bondade, feito com verdadeiro sentido de amor, tem valor quase infinito.

Às vezes, basta um simples sorriso seu para curar uma dor, cicatrizar uma ferida, alegrar um coração.

Faça o BEM.

Vida é Deus
em você

Quando a tristeza, por qualquer razão, se abater sobre o seu espírito, como acontece a todos os seus semelhantes, levante-se, vá à porta ou à janela e sinta a vida que corre lá fora: as árvores balançando as folhas, as plantas oxigenando o ar que você respira, os pássaros chilreando alegres, o céu azul ou estrelado, nuvens brincando de fazerem chuvas.

É a vida alegre de uma natureza inteira que foi feita para você.

Pense que vale a pena viver, porque a vida é Deus que quer estar dentro de você e deseja um sorriso seu.

Paz interior

É muito importante a paz interior.

Estar em paz com a sua consciência é garantia de vida feliz.

A riqueza de bens materiais compra conforto material, mas só a harmonia interior do seu espírito lhe dá um sono tranquilo e lhe planta um sorriso que o mostra feliz.

Pense, aja, fale e viva como quem tem da vida o sabor da bondade, do amor e do bem-querer.

Não deixe que as confusões do mundo perturbem o seu espírito, desviando-o do seu caminho e quebrando a sua harmonia.

Deus caminha conosco

Os juízos dos mortais costumam ser feitos de maldade, de injustiça e de inveja.

Os juízos de Deus serão suaves, justos e misericordiosos.

Viva cada instante como se tivesse a sensação de estar sendo visto por Deus, como na verdade está.

Tenha sempre presente diante de si este pensamento que conforta e alenta, ao mesmo tempo em que adverte e acorda a sua consciência:

"Deus me vê e me julgará".

É o que importa na condução da sua vida.

Somos todos irmãos

Evite discriminar o seu semelhante.

Quando Deus criou o homem não o distinguiu entre negros e brancos, entre pobres e ricos, entre sábios e ignorantes. Fez o homem um só: Imagem e semelhança sua.

Deus quer ver no homem o seu retrato vivo, sem o distinguir.

Se Deus – Pai e Criador – não distingue a sua criatura, quem há de ter autoridade para discriminar entre os homens o pobre e o rico, o sábio e o ignorante, o negro e o branco? Quem?

Seria querer corrigir ao próprio Deus no ato da criação.

Escola de vida

O adulto é a escola que a vida mostra aos que iniciam os seus passos na vida.

O exemplo de quem já cresceu pode ser a escada de subida para quem está começando a crescer. Como pode, também, ser a razão da sua queda.

Seja você quem for – pai, mãe, irmão, amigo... – tome muito cuidado em viver dignamente, em dar bons exemplos, porque, sem que você o perceba, uma criança está tomando a sua vida como modelo.

Você pode estar edificando o BEM. E se estiver fazendo o MAL?

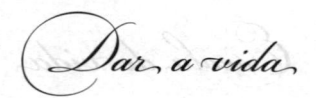

Dar a vida

"Ninguém tem amor maior do que aquele que dá a vida por seus amigos" (Jo 15,13).

Esta é a melhor lição que alguém ministrou na grande universidade da vida. A lição da solidariedade. A lição da fraternidade. A verdadeira lição do Amor.

Pois foi esta a lição de um homem chamado Jesus que, sendo o Filho de Deus, arrancou-se das distâncias infinitas da eternidade, veio à terra, fez-se homem como você e se entregou ao sacrifício da morte só para a sua salvação.

Que prova de Amor existe que seja maior do que esta?

Viver cada instante

Você se preocupa muito com o dia de amanhã.

Por quê?

A quem pertence o seu amanhã? Não é a você. É a Deus, seu Pai e Criador.

Preocupe-se muito com este "agora" da sua vida. É o único que lhe pertence. Viva-o com a dignidade de filho de Deus, de acordo com a sua consciência, em conformidade com tudo aquilo que você aprendeu na sua Igreja e no seu lar.

Se você tiver a preocupação de viver bem cada instante, isto é, o agora da sua vida, tenha certeza de que o seu futuro haverá de ser o da felicidade que você procura.

Autoconsciência

Seja você o que a sua consciência ditar que deva ser, dentro dos verdadeiros princípios.

Não se perturbe com o que a seu respeito possam pensar ou dizer os outros. Os juízos de Deus não lhe perguntam o que de você pensam os seus semelhantes. Julgam-no conforme a sua real intenção para o bem ou para o mal.

Se você pautar a sua conduta de vida segundo os caprichos da sociedade em que vive, por certo, estará sendo tão hipócrita quanto ela.

O relógio e o termômetro da sua vida têm que ser a sua consciência. Só ela.

Semear bondade

Como é curta a nossa paciência!...

É muito fácil sermos pacientes com as pessoas que nos são queridas ou simpáticas.

Chega a ser um ato de prazer ou de vaidade.

Mas, quando o exercício de sua paciência é exigido em favor de um pobre, de uma pessoa de temperamento difícil, de um parente implicante, qual o seu modo de agir?

Lembre-se de que Deus o prova de diversas maneiras, para medir a sua caridade.

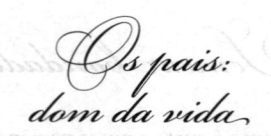

Os pais: dom da vida

Honre os seus pais.

Eles são a sua raiz, a sua fonte, a sua verdadeira origem.

Honre-os em vida, copiando-lhes os exemplos, medindo-lhes os sacrifícios que fazem por sua felicidade.

Saiba valorizá-los enquanto vivem, cumulando-os de seu respeito e de sua veneração.

Quando já não os tiver junto a si, honre-os preservando o nome e a dignidade que eles procuraram imprimir e ensinar a você.

Reze por eles. Agradeça a Deus a vida que deles lhe veio.

Ação de graças. Saber agradecer

Faça da sua vida uma permanente ação de graças ao Pai que o criou, que o sustenta e ampara.

Você tem olhos que veem? Lembre-se dos seus irmãos que não podem ver.

Tem ouvidos que ouvem? Perto de você passa um surdo.

Os seus lábios articulam as palavras? Pense nos que não conseguem falar.

Você anda, corre, vai aonde quer? Quantos estão presos a uma cama ou cadeira...

Peça pelos seus irmãos com deficiências e, de sua parte, diga sempre: Obrigado Senhor!

Lições de vida

Um dia você errou. Errou muitas vezes. Errará muitas ainda.

Procure suportar com caridade os erros dos que o cercam, da mesma forma como quereria que suportassem os seus.

Você se revolta quando não o compreendem. Por que, então, não se esforça por compreender as faltas alheias?

Saiba que tudo o que fazemos contra nossos semelhantes, quase que como força de retroação magnética volta-se contra nós. O mal tem poder de se vingar, às vezes em forma de violenta reação.

Tolere os erros alheios com aquela caridade capaz até de corrigi-los.

Fé: dom de Deus

A Fé é um dom de Deus, assim como a vida que você vive.

É ela que o alimenta e lhe faz ver a Verdade.

A Fé é tão importante para a vida espiritual, quanto o oxigênio para a natureza. Sem ele, a vida não existiria.

Sem a Fé o homem não teria maior sentido do que uma simples criatura de Deus. Só ela o faz distinto entre todos os seres criados. Só ela o consagra como filho de Deus e um eleito da eternidade.

Cultive a sua Fé.

A força do crer

Religião não é objeto de discussão. Ela é objeto de profundo respeito. É substância vital.

Nunca pretenda impor aos outros as suas convicções religiosas.

"Na casa de meu Pai há muitas moradas" (Jo 14,1).

A Verdade é Deus. A maneira como se vê Deus pode ser diferente em você e em seu vizinho. O importante é que Deus seja visto e não seja desprezado. O que importa é que todos os homens pertençam ao Bem e não ao Mal.

Enquanto os homens estiverem preocupados com Deus estarão presos à Paz, ao Amor e à Vida.

Caminhando em Deus

"Nem todo aquele que me diz: 'Senhor! Senhor!', entrará no Reino dos Céus" (Mt 7,21).

Não basta dizer, é fundamental viver. Invocar a cada instante o nome de Deus muitos o fazem, mas de que vale, se dentro dos corações não se criou nenhum espaço para que Deus habite?

Deus é vida, não é só invocação. Deus é substância, não é só um substantivo, um nome próprio que possa ser repetido cem vezes pelos lábios, sem nunca ser vivido... no coração e na alma.

Só entrará no Reino dos Céus "aquele que põe em prática a vontade do Pai".

Deus é a segurança

Se você tem sido muito sensível ao que os outros pensam e dizem de você, saiba que está completamente errado.

Enquanto estiver se importando com os juízos alheios ou com a maledicência dos outros, estará se deixando medir.

Seja a medida de si mesmo e se convença de que a sua consciência é o seu termômetro moral e espiritual.

Tenha sempre em mente, repita quantas vezes puder. "Deus me vê e me julgará".

Confie no julgamento de seu Pai e Criador. Só isso lhe deve interessar.

Alegria de amar

Quem é seu irmão?

O que nasceu dos mesmos pais? Os seus amigos? Os que lhe são mais simpáticos?

Seu irmão é todo aquele que passa por você, de qualquer meio social, de qualquer cor, de qualquer raça.

Irmão é todo aquele que cruza o seu caminho, mesmo que você não o conheça.

Irmão é o seu semelhante, tenha ele o nome que tiver, venha de onde vier.

Não ame apenas os que descendem do mesmo sangue que você. Nem só aqueles aos quais você chama de amigos. Nem somente aos que lhe são agradáveis.

Irmão é o nosso semelhante.

Poder da palavra

Tome cuidado com a sua palavra.

Deus, quando deu ao homem o poder de falar, deu-lhe igualmente o de raciocinar.

A palavra deve ser precedida do pensamento. Quem fala sem pensar é o papagaio, que só sabe repetir, e mal, o que ouve.

Ao homem foi dado o privilégio da inteligência que inspira o pensamento e este disciplina e ordena a palavra.

Quantas vezes eu vi pessoas se arrependerem amargamente do que impensadamente falaram...

Você, como está neste quesito?

Alegria de viver

Seja sempre uma expressão de alegria.

Triste é o pecado. Feia é a maldade. Cruel é a ausência de Deus.

Se você está inundado da luz divina, se o seu coração se inclina para o amor e para a bondade, se Deus é seu Pai, então, não há porque andar triste e acabrunhado.

Transmita aos seus semelhantes a vida que está dentro de você, sempre que tiver oportunidade, estampando em seus lábios e mesmo em seu olhar aquele doce sorriso que garante a presença de Deus na presença do amor.

Que bom ser criança

O velho é aquela criança que cresceu, correu no tempo e se cansou, mas, embora ofegante, nunca se esquece de que um dia foi criança.

E, portanto, nunca deixará de carregar em si aquela criança que foi uma vez e que nunca deixou de ser. E será sempre, enquanto não permitir que o seu espírito se deixe contaminar dos vícios e das maldades que o mundo adulto prega e pratica, qual mensageiro do mal, a querer arrancar do coração do homem tudo o que há de belo, de puro e de bom.

Não se deixe corromper pela violência e pela maldade do mundo.

A perenidade do amor

Este pensamento de hoje pertence a Paulo – o Apóstolo. É uma aula sobre o Amor-Caridade:

O amor é paciente, é benfazejo; não é invejoso, não é presunçoso nem se incha de orgulho; não faz nada de vergonhoso, não é interesseiro, não se encoleriza, não leva em conta o mal sofrido; não se alegra com a injustiça, mas fica alegre com a verdade. Ele desculpa tudo, crê tudo, espera tudo, tudo suporta.
O amor jamais acabará. [...] Agora nós vemos num espelho, confusamente; mas, então, veremos face a face. [...]
Atualmente nós temos a Fé, a Esperança, o Amor. Mas a maior delas é o Amor (1Cor 13,4-13).

Ser digno
de si mesmo

Seja sempre decididamente sincero em toda a sua manifestação de vida: em seus pensamentos, em suas palavras e em suas ações.

Fuja, mas fuja mesmo dos aduladores, até para não comprometer a sua personalidade. Adulador é aquele que tem prazer em ser usado e pisado, contanto que lhe seja dado estar sempre junto a quem detém o poder. Ele é a própria forma da hipocrisia, da mentira e da falsidade.

Seja o que a sua dignidade humana lhe ensina – honesto, justo, digno de si mesmo e merecedor do respeito de todos.

A honestidade identifica a pessoa

Nunca proclame a sua honestidade. Ela não é privilégio que se decanta, mas dever que se cumpre. Ela é o seu verdadeiro documento de identidade.

A honestidade é a imagem de qualquer pessoa que se preze.

Carregue-a sempre consigo, como o seu maior tesouro, mas carregue-a em seu ser, não como mostruário de você.

Não queira apenas parecer honesto. É muito pouco. É muito superficial.

Seja honesto, onde quer que esteja, aonde quer que vá, o que esteja você fazendo.

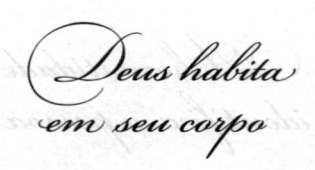

Deus habita em seu corpo

Toda matéria é perecível.

Até mesmo esta matéria que se fez invólucro da alma humana – o nosso corpo – é perecível.

Ele um dia acabará, como acabam todos os corpos, até as minúsculas partículas.

Mas, a alma permanece, ela é eterna, porque é partícula de Deus.

Esta verdade é consoladora para todos os que creem em Deus.

É salutar pensar que o nosso corpo é a redoma, a arca, o sacrário desta vida que é Deus em nós. Porém, um dia ele perecerá, enquanto a alma se reintegrará em Deus.

Conviver com as diferenças

Uma das coisas mais importantes no convívio da sociedade humana é a compreensão mútua.

Se não houver essa compreensão entre as pessoas que frequentemente têm que se cruzar nos caminhos da vida, então, esta se tornará difícil, o espírito de solidariedade não existirá e a caridade fraterna será despedida.

É preciso que cada um vença as naturais dificuldades, faça um esforço maior e consiga ter aquela superioridade necessária para não só suportar, mas também compreender as diferenças alheias e conviver com elas.

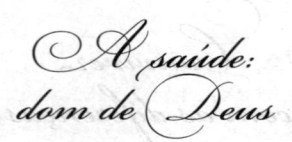

A saúde: dom de Deus

Zele por sua saúde. Pela saúde do corpo e, também, pela saúde do espírito.

Uma depende da outra.

A saúde da sua mente estará comprometida cada vez que abalada estiver a do corpo. A recíproca é verdadeira.

Você não fará favor algum em cuidar que seu corpo e sua mente estejam sadios. Como dádivas de Deus em sua vida, eles lhe foram "emprestados" e você não tem o direito de destruir, desprezar ou esquecê-los.

Tenha muito cuidado com sua saúde.

Cuide bem do que Deus lhe confiou.

Vá em frente!

Seja forte em sua caminhada pelo tempo.

As estradas da vida nem sempre são planas e lisas. Há subidas e descidas, retas e curvas, poeira e cascalhos, noites e tempestades.

Há despeitos e invejas, malquerentes e maldizentes, faladores e hipócritas.

Mas, você que caminha, vá em frente. Não olhe para trás, nem para os lados. Se ouvir, não dê ouvidos.

Vá em frente, pensando que Deus é o Pai que lhe dá o seu amor, e que a sua consciência é o termômetro da sua dignidade.

Segredo de felicidade

Respeite a honra alheia.

Certa vez alguém, que se arrependera de haver caluniado a uma pessoa conhecida, foi confessar-se.

Depois de ouvi-lo atentamente, o sacerdote lhe sentenciou, como penitência, que comprasse um saco de penas de aves. Tomasse cem metros de uma estrada e fosse espalhando todas aquelas penas. Em seu retorno, catasse uma por uma as penas espalhadas e as devolvesse ao saco.

– Impossível! – disse o pecador – O vento as levará.

– Assim é a honra que você destruiu – respondeu o padre.

Você é filho de Deus

Conheça-se a si mesmo.

Quando estiver sozinho, recolhido em seu silêncio interior, indague-se: de onde eu venho, o que eu sou, para onde eu vou?

E, lá do mais profundo do seu ser a voz da sua consciência lhe irá respondendo suavemente: "Você é um ato do amor de Deus passando pelo tempo, mas com o dever de voltar para a eternidade; você provém do Pai que o criou e o animou; você irá cumprindo a missão que Deus lhe determinou, até quando ele o requerer, junto a si, na eternidade".

Você é filho de Deus.

O prazer de viver

Hoje você sabe mais do que ontem. Amanhã saberá mais do que o que sabe hoje.

Sem dúvida, cada dia que vivemos nessa imensa escola da vida nos dá um cabedal maior de saber e de experiência.

Aprendemos com o que fazemos a fazer melhor; aprendemos com nossos próprios erros a errar menos; aprendemos com o nosso semelhante a imitá-lo ou a evitar fazer o que ele fez.

Tudo na vida, a vida toda, nos ensina a ser melhores, dia após dia.

São as lições da vida.

Saber sofrer

O sofrimento é dádiva de Deus.

Já se imaginou só entre gozos, prazeres, riquezas, sempre com saúde, rodeado de amigos, sem nenhuma sombra do que possa entristecê-lo?...

Qualquer um estaria tentado a viver nessa realidade, é claro.

Mas, nesse hedonismo, nessa doce vida, como você teria tempo e vontade para pensar nos seus valores maiores – os espirituais e eternos?

É para que não se esqueça de que aqui você está como um peregrino, que Deus, de vez em quando, o acorda com uma provação e o faz pensar nele.

Nas dificuldades...

crescemos

Retire sempre algo de bom e proveitoso das dificuldades pelas quais você passa e das adversidades que o atropelam.

Contemple sempre uma roseira, que faz nascer belas rosas em meio a incômodos espinhos.

Observe os lírios-do-brejo, de onde vêm e que bela flor eles produzem.

Assim deve ser você perante os tropeços que a vida lhe traz. Não se atormente, não aumente dentro de si a dificuldade.

De dentro disso que lhe parece tão feio e tão grave, você haverá de colher uma preciosa recompensa.

Todos têm direito de sonhar

Alegre-se com o sucesso de seu semelhante.

Toda vez que você tiver oportunidade de saudar com sincera alegria o bem e o progresso acontecidos a outrem, por certo, estará atraindo para si a prodigalidade do pensamento divino em seu favor.

É o retorno do bem que você desejou, sem outra intenção, a não ser a felicidade do seu semelhante, que, tal como você, tem o direito de sonhar, de querer, de lutar e conquistar as coisas que lhe possam trazer mais conforto e bem-estar.

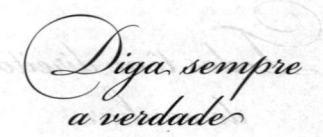

Diga sempre a verdade

Diga sempre a verdade.

Mesmo que, de imediato, a confissão da verdade lhe possa trazer algum aborrecimento ou a incompreensão da outra parte, é muito melhor que você a diga.

Quando Deus lhe deu a faculdade da palavra, foi para que você não o decepcionasse, fazendo dela o instrumento da mentira, mas a afirmação dele mesmo, pois ele é a Verdade.

A mentira, portanto, é a negação de Deus, porque é negação da Verdade.

Só poderá merecer a recompensa quem disser a verdade.

O costume de meditar

Habitue-se a meditar.

Todas as manhãs, ao se levantar, após renovar o oxigênio do seu organismo com a respiração matinal, aquiete-se, concentre o seu pensamento e medite sobre alguma verdade, algum fato, algum problema.

Pense em Deus e renove nele a sua esperança, a sua fé e as forças de que você vai precisar para enfrentar a caminhada do dia que vai iniciar.

Adquira o saudável hábito de meditar antes que se entregue à agitação do seu dia.

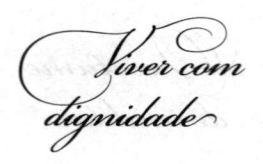

Viver com dignidade

Viva com dignidade o seu momento presente.

Isto será repetido muitas vezes.

Mas é preciso conscientizar-se de que o que está ao seu dispor é este "agora", o qual passa ligeiro, mas que somente ele lhe pertence.

O que passou, passou. Você não o terá de volta. Se foi bom, bendiga-se por isso. Se teve erros, redima-se agora, praticando o Bem.

O futuro não lhe pertence. Se você o viver, há de ser sempre em cada gota do tempo, essa gota que se chama "agora".

Compreender o erro

O seu irmão está errado?

Não o empurre ainda mais para o erro falando mal dele, espalhando entre outros os seus erros. Edifique-o com o seu bom exemplo. É a melhor maneira de fazê-lo enxergar os seus próprios defeitos. Mas faça isso com caridosa discrição, sem que nem ele perceba que você o tem em vista.

Um dia você saberá o bem que praticou, vendo-o agir corretamente e passando ao seu lado com um sorriso de humildade e de profundo agradecimento.

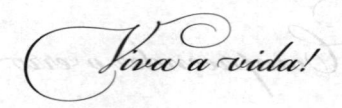

Viva a vida!

Mais um dia lhe é dado viver.

Muitos estão sendo convocados pelo Criador para encerrarem aqui o tempo da sua peregrinação na terra. Você acordou à vida e vai vivê-la. Mas não porque mereça mais do que outros, e sim porque a bondade de Deus lhe quer dar mais oportunidades para praticar o Bem, amar seu irmão e amealhar maiores méritos para a conta-corrente da sua vida. Assim, os seus débitos serão muito menores do que o seu crédito diante do verdadeiro Juiz.

Morrer para viver a plenitude

Recorde os seus entes queridos. São aqueles que lhe trouxeram à vida, os que lhe deram afeição e se sacrificaram pela sua felicidade. Eles se antecederam a você nos caminhos da eternidade e foram rezar por você junto ao Pai.

Lembre-se deles com esse sentimento de saudade que é bem do ser humano, mas, sobretudo, lembre-se deles na suavidade da sua prece, desejando e pedindo ao Deus de Bondade que os tenha no calor infinito do seu Amor e na claridade da Luz eterna.

Ser paciente é ser um pouco de Deus

A sua maneira de conviver com os amigos deve ser igual, sem os caprichos do mau humor.

Às vezes você se irrita com familiares e amigos só por causa de uma resposta menos atenciosa que lhe dão.

Você também não tem os seus momentos difíceis, de pouco conversar e, sobretudo, sem querer responder perguntas?

Veja bem que aos outros a natureza costuma pregar dessas peças também, quando se manifestam menos acessíveis, menos atenciosos.

Tenha paciência, compreenda-os, assim como quer ser compreendido.

O que é a mais pertence aos outros

Observe a quantidade de coisas em desuso dentro de sua casa: roupas que se acumulam em seus armários, móveis e utensílios que foram substituídos etc.

Você precisará vendê-los a alguém ou ainda pode aproveitá-los? Não?

Então, lembre-se de que aí, não muito longe de sua casa, um asilo de velhos, um orfanato de crianças, um hospital que cuida de indigentes não têm e não podem comprar.

Indague sobre isso e não desperdice avaramente aquilo que está fazendo tanta falta a outros irmãos.

A quem mais foi dado mais lhe será pedido

Evite indagar por que a uns foram dadas muitas coisas a mais do que a você.

Há quem carregue na vida mais saúde, mais beleza física, mais riqueza, mais amigos, ou aparente mais felicidade.

A quem mais foi dado, mais será exigido e cobrado.

Contente-se com o que você ganhou. É mais importante que você aumente o pouco que recebeu, do que ter muito a enterrar, como aquele coitado que não multiplicou os talentos recebidos e, por isso, não mereceu a recompensa.

Prosseguir sempre!

Conheça o poder da sua mente.

Nossa mente é como uma usina geradora de energia. Ela tanto cria como atrai as energias. Descrer do potencial da mente é ignorar a ação de Deus no ser humano, a quem ele fez à sua imagem e semelhança, concedendo-lhe a vida e com ela a participação em suas forças divinas e infinitas.

Pense sempre nas coisas boas e belas que a vida tem para lhe mostrar e oferecer. Não atraia sobre si, com pensamentos negativos, os males e as doenças que se misturam na atmosfera.

Abra-se
para a vida

Abra o seu coração para a vida, para o bem, para o amor.

Abra-o para a vida, como um ato de aceitação e de agradecimento ao seu Criador, pois é certo que é muito melhor viver do que não viver.

Abra-o para o bem, porque não se justifica a vida, que tem origem no BEM supremo, a não ser que seja para a prática constante desse bem.

Abra-o para o Amor, pois para o amor lhe foi dado ter coração, especialmente quando o que mais se nota no mundo de hoje é a falência do amor.

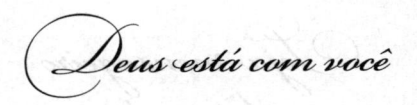

Deus está com você

Você crê em Deus?

Então procure viver, pensar e agir como um filho de Deus.

Ele está no horizonte que você contempla, nas árvores que vê, nas flores que toca, no ar que respira, na luz que o ilumina, no mundo ao seu redor.

Deus está em cada célula do seu corpo. Ele está com você.

Portanto, em cada instante da vida, em cada ato que pratica, em cada pensamento, em cada gesto, em cada olhar, saiba que Deus o vê e o assiste.

Deus é seu Criador, seu Pai.

Seja mensageiro da paz!

Sempre que puder, seja mensageiro da paz.

Tantas vezes você assistiu a uma discussão em família, aquele tipo de discussão que, se não quebram de vez a harmonia, certamente deixam a marca de uma ferida. Outras vezes, em rodas de amigos, por um quase nada, ameaçaram quase tudo.

O que você fez?

Usou sua personalidade mais forte, sua sensibilidade, sua respeitabilidade, sua idade ou autoridade para estabelecer a paz?

Ou ficou em silêncio, omitindo-se, fugindo da boa ação?

Dance a música da vida

Qual a importância da música em sua vida?

Música é uma seguida combinação de notas, cada uma significando um som e todas, em suas frases e sua melodia, construindo essa harmoniosa sensação de beleza, de paz e sensibilidade.

A música suave e harmoniosa é como uma higiene mental que alivia as tensões, tranquiliza o espírito, relaxa os nervos cansados e nos conduz à doce meditação do que há de mais belo e puro na natureza.

A música pode fazer o milagre de nos aproximar de Deus.

Mãe, ternura de Deus

MÃE é palavra que exprime com perfeição o que a natureza tem de mais sublime. É o exercício permanente do amor.

Pense que ao Deus todo poderoso bastaria apenas um ato de vontade, um pensamento para redimir a humanidade do pecado.

Não foi assim que ele criou a humanidade e o mundo todo?

Mas, por um infinito ato de bondade, ele se arrancou lá das distâncias infinitas, veio à terra, fez-se homem, nasceu, sofreu e morreu, como qualquer homem.

Por que, se a ele bastava um pensamento de amor?

Não lhe parece certo concluir que assim procedeu somente pela glória de nascer de uma mulher à qual pudesse chamar de MÃE?

Pai-nosso

O Pai-nosso é a principal oração, talvez a única que condensa toda uma teologia em si mesma.

É oração perfeita, nascida do coração de Cristo. Nela o Mestre coloca em nossos lábios o Evangelho da Caridade: "Perdoa-nos as nossas ofensas, assim como nós perdoamos a quem nos tenha ofendido".

Nestas palavras está o verdadeiro espírito da caridade fraterna, cuja conclusão é clara: não haverá o perdão para os nossos erros se, antes, não tivermos tido a nobreza de perdoar os que erraram contra nós.

É uma condição que nós mesmos colocamos quando rezamos. Quem não é capaz de perdoar não merecerá ser perdoado.

Deus é a essência do Amor

Deus é a essência do Amor transformada em vida para cada um de nós e para cada ser vivo.

Foi João, o evangelista, quem procurou em duas palavras definir: "Deus é o Amor".

Você já pensou em quanto vai o amor que Deus dispensa a cada um de nós?

Ele nos ama tanto que veio das distâncias infinitas da eternidade e para ser mais um entre nós na terra, vivendo e morrendo aqui só para nos salvar, envolvendo-nos no mistério da redenção.

Deus é amor que vivifica e perdoa.

Visitar os enfermos

Lembre-se hoje de uma pessoa doente e, se puder, vá visitá-la.

Todos nós somos carentes de um afeto, de uma presença, de uma palavra amiga.

Muito mais, esse nosso irmão que, nesta hora, está participando do sacrifício e mergulhado no profundo mistério do sofrimento...

Procure levar-lhe sua presença, sua palavra, seu sorriso, sua esperança, sua amizade.

O Pai estará abençoando o seu gesto de caridade na mesma medida da sua generosidade.

Você é templo de Deus

Você é templo de Deus. Ele faz em você a sua morada.

Não se esqueça de que quando Deus pensou no ser humano, pensou-o como seu retrato vivo no tempo: "Façamos o homem à nossa imagem e segundo nossa semelhança" (Gn 1,26).

Sua alma é imortal e recebeu de Deus a eternidade. É isso que vale nos desígnios da redenção. Mas, esta alma anima e vivifica o seu corpo, do qual você tem obrigação de cuidar e a ele respeitar, porque é nele que o Espírito de Deus habita e, através de você, se manifesta ao universo humano o seu relacionamento pessoal.

A qualidade do viver

O caráter é a marca da dignidade humana.

O valor da pessoa está na dimensão do seu caráter.

Caráter é a capacidade permanente de agir e a manifestação intrínseca de ser.

Nunca meça nem julgue alguém pelo que ele tem e, sim, pelo que ele é.

Ter é coisa acidental. O essencial é *Ser*.

A diferença entre *ter* e *ser* é que um é só quantidade, enquanto o outro é essência de vida, é qualidade de viver.

O Reino de Deus
está no meio de vós

Um dia, Jesus estava orando, quando um de seus discípulos pediu-lhe que lhes ensinasse a orar. Ele respondeu: "Quando orardes, dizei: 'Pai, santificado seja teu nome; venha a nós o teu Reino'" (cf. Lc 11,1-4).

Isto quer dizer que em nossa oração deve estar em primeiro lugar o louvor ao Pai, diante de cujo nome céus e terra se prostram adorando. Somente depois é que devemos invocar, em nosso proveito próprio, a vinda do seu Reino.

O Reino de Deus não é só a substância espiritual da graça, mas é também tudo o de que precisamos para viver e ser felizes.

Ser agradecido

Quando você quiser medir o valor moral de uma pessoa, procure saber se ela cultiva a virtude da gratidão.

É tão repugnante a ingratidão, que o próprio Jesus Cristo pareceu ter tido dificuldade em perdoá-la, naquele episódio da cura dos dez leprosos, de que nos fala o Evangelho...

Ele curou dez. Apenas um voltou glorificando a Deus, prostrou-se aos pés de Jesus e lhe agradeceu. Então ele perguntou: "Não foram dez os curados? E os outros nove, onde estão?" (cf. Lc 17,11-19).

Não seja você um ingrato.

Honestidade vital

Seja sempre honesto consigo mesmo.

Nunca proclame diante dos outros a sua honestidade, porque ela não é privilégio, mas uma obrigação moral e social.

Se for honesto consigo mesmo, forçosamente o será com os outros.

A honestidade só para foro externo é hipócrita, é falsa, é mentirosa, é desonesta.

Verdadeiramente honesto é aquele para o qual a honestidade é princípio intrínseco de vida e não simples aparência.

Há honestos que o são de verdade. É pena que haja quem apenas só o queira parecer.

Ser Igreja

Quando nós tomamos consciência de tantos erros dos homens na Igreja, mesmo os desacertos daqueles que são mais responsáveis, é aí que nos devemos convencer de que ela é divina.

Se a Igreja não fosse realmente uma instituição divina, os homens, por serem passíveis de erros, e os seus inimigos já a teriam destruído, como destruídas foram todas as instituições humanas ao longo da história.

Só porque é divina, a Igreja cumprirá a promessa do Cristo e assistirá à consumação dos séculos. Creia nela, firmemente.

Demos graças ao Senhor!

Dê graças a Deus pelo apetite com que você vai à sua mesa tomar o seu alimento.

O seu apetite é sinal de sua saúde. Os doentes são inapetentes, porque a própria doença os enfraquece e o corpo perdeu os estímulos naturais.

Evite sempre os excessos no comer e no beber. Mas, quando você se sentar à sua mesa com a satisfação de ver e ingerir o alimento, agradeça ao Senhor que lhe deu a vida e o necessário apetite para satisfazer o seu corpo com uma boa alimentação.

Deus seja louvado!

Pense sempre o Bem

Cada pensamento de amor que você alimenta em si é um ato de amor que transmite em benefício do seu semelhante.

O Cristo que andava pelas estradas ia permanentemente pensando no Bem, no Amor e na Paz. Quantas vezes ele sentiu que uma força extraordinária lhe saía do corpo, quando alguém, com fé, lhe tocava o corpo ou a sua roupa! Ele mesmo falava sobre tal emanação.

Pense sempre coisas boas. Pense sempre no Bem e estará transmitindo aos outros a sua bondade, a sua paz, o seu amor.

Creia em Deus

Creia firmemente em Deus.

Quando contemplar uma flor a desabrochar – creia em Deus.

Quando ouvir um pássaro cantar – creia em Deus.

Quando sentir o vento soprar em sua janela – creia em Deus.

Quando vir as águas de um regato correndo sobre a terra – creia em Deus.

Quando levantar os seus olhos e puder ver o azul dos céus – creia em Deus.

Quando tiver a felicidade de abraçar uma criança – creia em Deus.

Creia e agradeça a Deus quando você pensa que tem uma mãe.

Trabalhar
nos enobrece

O seu trabalho é sempre igualmente nobre.

Não é melhor aos olhos de Deus, nem dignifica mais o trabalho do cientista que descobre maravilhas na natureza. Aquele trabalho humilde dos garis que limpam as ruas é enorme diante do Senhor que o contempla.

O que enobrece o trabalho não é a sua natureza, a sua avaliação feita pelos homens.

O que o torna maior é a dignidade com que é feito, a humildade com que é praticado e a alegria com que é cumprido.

Escolher a melhor parte

Marta e Maria recebiam Jesus em sua casa. Marta, toda solícita, corria daqui para ali. Maria, ao contrário, ficara ao seu lado, escutando suas palavras e feliz com a sua presença.

"Marta! Tu te preocupas e andas agitada com muitas coisas. No entanto, uma só é necessária. Maria escolheu a melhor parte e esta não lhe será tirada", disse Jesus (cf. Lc 10,38-42).

É preciso que nos preocupemos com as coisas materiais, com nosso alimento, nosso conforto, nosso bem--estar. O Mestre não disse que isso não é bom, mas que também é necessário cuidar dos valores espirituais.

Viver o dia a dia

A paciência sempre foi uma grande virtude, mas em nosso mundo atual, tão excitado, tão nervoso, tão barulhento, ela se torna enormemente importante.

Os atropelos do dia a dia, os tropeços de cada esquina, as correrias para o trabalho, as canseiras do trabalho, as dificuldades da vida, os erros dos que governam – tudo isso é uma procissão de dificuldades que exige de nós, de cada um, a cada instante, muita paciência para suportar e não sucumbir.

Deus-Irmão

Os deuses pagãos eram figuras imaginadas, com forças e formas imaginárias.

Não tinham substância. Eram entidades tão distantes da realidade, que se multiplicavam entre si mesmas.

Nós temos um só Deus, nosso, palpável, que nos fala e nos ouve.

Tão palpável que fez questão de ser como nós, nascendo de uma mulher, chamando-a de Mãe.

Este Deus que se fez nosso irmão, além de ser um dos nossos, humano como nós, só voltou aos Céus depois que se entregou à morte por Amor de nós.

Coragem!

Pratique o Bem sem cessar e sem desanimar.

Foi para isso que você veio à vida, nos planos de Deus.

Não seja daqueles que ao primeiro ato de injustiça, de incompreensão ou à primeira manifestação de ingratidão, deixa de lado o bem que começou a praticar, abandona a instituição social que se propôs ajudar.

Prossiga na prática do Bem, a despeito dessas desilusões que surgem a cada dia. É justamente por causa delas que você não pode desistir.

Afinal, o Bem que você pratica no meio dos homens é endereçado à Glória de Deus, não é?

Sorria!

Procure sorrir um pouco mais.

O sorriso é retrato da paz interior, do mesmo modo como se diz que os olhos espelham a alma.

Andando pelas ruas, recebendo em seu lar, frequentando as suas rodas sociais, tenha sempre um sorriso presente em seus lábios.

Não duvide nunca do bem que isso faz, da tranquilidade que exprime, do bem que irradia.

A vida está difícil demais para que se possa dispensar o sorriso amigo, fraterno e carinhoso.

Caminhe!

Procure andar mais. Habitue-se às caminhadas diárias, mesmo que não possa se dar o privilégio das caminhadas matinais em meio aos prados, respirando fundo o oxigênio do ar puro do campo.

Não se acomode à vida sedentária, prejudicial ao seu organismo, inimiga de sua saúde. Baste-lhe aquele tempo que você tem a obrigação de cumprir sentado em seu trabalho.

Lembre-se de que você é um ser bípede, o que o impele à verticalidade em movimentos.

O seu organismo lhe pede que ande mais.

A fraternidade universal

Todos nós somos iguais diante de Deus.

Aqui fora há quem cometa a estupidez de uma discriminação odiosa entre negros e brancos, cultos e incultos, instruídos e analfabetos.

Mas, coloquem-se todos eles no interior de um templo, numa assembleia religiosa. Todos eles se dando as mãos, baixando os olhos do orgulho e rezando, como em uma só voz: "Pai nosso que estais nos Céus."

Ora, se Deus é o Pai de todos, sem distinção, é porque nós todos somos irmãos, somos iguais.

Ser agradecido

Agradecer é a maneira mais eficaz de merecer.

Pedir é a maneira mais eficaz de merecer.

Pedir é a contingência maior de quem precisa. O homem é o permanente mendigo de todas as necessidades que fazem do tempo a paciência de Deus e do espaço esse grande armazém da misericórdia divina. Os homens pobres pedem sempre alguma coisa aos ricos, mas, todos eles, pobres e ricos, vivem a suplicar tanta coisa ao Pai e Criador...

Todos precisam. Todos reclamam. Todos recebem.

É muito importante saber:

Você pediu e recebeu. Lembrou-se de agradecer?

Ser irmão

A melhor maneira de louvar a Deus é pensar no irmão que sofre, que chora, que não tem roupa com que se vestir, nem pão com que se alimentar.

Louvar a Deus é, antes e acima de tudo, curvar-se cada pecador na sua própria pequenez, lembrando-se humildemente de que precisa de Deus para lhe conservar a saúde do corpo e a paz do espírito, os bens materiais e os espirituais.

Louvar a Deus é ser humilde e saber servir ao seu próximo com espírito de verdadeira caridade.

É ser irmão!

Chorar?

Não tenha vergonha de chorar nos momentos de dor.

A lágrima é a melhor expressão de sentimentos bons. É a melhor resposta ao sentido do amor.

O evangelista nos dá a entender que, ao menos uma vez, ao saber da morte do seu grande amigo Lázaro, Cristo chorou. E foi, talvez, essa lágrima sentida que o levou a Betânia para o milagre de ressuscitar o amigo.

A lágrima é a presença daquela palavra que ficou silenciosa em seus lábios, mas que quer exprimir o que se passa no coração.

Reparta sua vida

"O espírito se enriquece com aquilo que recebe; o coração, com aquilo que dá" (Victor Hugo).

Em verdade, o espírito, ao receber os favores da felicidade, da tranquilidade, da paz interior, adquire novas forças para se transmitir conforme o modelo daquilo que recebeu.

Já o coração, esse tem uma necessidade natural de repartir aquilo que possui, traduzindo a sua riqueza em benefícios para os seus semelhantes, sem o que ele se sentirá enfastiado, solitário, infeliz.

Lembre-se de seus pais

Lembre-se de seus pais com sentimento de verdadeira gratidão.

Perfeitos não foram, como não podiam ser. Erraram, certamente, até por excesso de amor, para que você pudesse ter um caminho mais suave, mais livre, mais digno.

Lutaram, sacrificaram-se pela sua instrução e educação, por sua saúde e felicidade.

Para que isso fosse possível, quantas noites mal dormidas, quantas lágrimas derramadas, quantas dificuldades vencidas...

Lembre-se deles com o mesmo amor.

Lembre-se com gratidão.

Reze por eles.

É maravilhoso, Senhor

Medite hoje sobre esta bela oração de Michel Quoist:

> "É maravilhoso, Senhor, ter braços perfeitos, quando há tantos mutilados!
> Meus olhos perfeitos, quando há tantos sem luz!
> Minha voz que fala, quando tantos emudeceram!
> Minhas mãos que trabalham, quando tantas mendigam!
> É maravilhoso voltar para casa, quando tantos não têm para onde ir!
> Amar, viver, sorrir, sonhar, quando há tantos que choram, odeiam,

revolvem-se em pesadelos, morrem antes de nascer!

É maravilhoso ter um Deus para crer, quando há tantos que não têm o consolo de uma crença!

É maravilhoso, Senhor, sobretudo, ter tão pouco a pedir e tanto a agradecer".

Você não está só

Se você tem sentido em certos dias uma espécie de depressão, se parece que o coração está acorrentado, se corre um amargor pela boca, uma sensação de que está ficando só, sem a graça de sorrir e de se comunicar...

Este é o momento de sair, andar, respirar em profundidade o oxigênio do ar, o perfume das flores. Não se deixe ficar como folha solta e perdida da árvore da vida. Vá em frente. As tempestades assustam, mas logo se vão.

A alegria voltará.

Deus se fará presente.

O Senhor nos liberta

Evite que o seu coração se transforme em um armazém de mágoas contidas e guardadas.

Faz mal à sua própria saúde reter injúrias, calúnias, maledicências, vinganças ou quaisquer outros sentimentos negativos.

Não é sempre fácil perdoar, muito menos esquecer, mas é bom que você perdoe e faça tudo o que puder para esquecer; assim se libertará plenamente de um mal que insiste em não o deixar em paz.

Uma vez Pedro perguntou ao Mestre quantas vezes devia perdoar um irmão.

"Setenta vezes sete vezes" – respondeu Jesus (cf. Mt 18,21-22).

Alegre-se com a felicidade do outro

Faça tudo para que não lhe seja incômoda a felicidade alheia.

Alegre-se sempre quando souber que uma pessoa é feliz. Deseje sinceramente que ela continue sendo. E, se depender de você que alguém se torne feliz, não meça esforços no sentido de que isso aconteça.

Seja razão de felicidade para o seu semelhante. Aumente-a, se puder, mas, sobretudo, evite que ela diminua ou se desvaneça.

No dia em que cada um de nós construir razões para a felicidade do próximo, a partir desse dia o mundo será melhor.

Seja firme

Seja sempre coerente consigo mesmo. Seja firme em suas convicções.

Humilde seja sempre em reconhecer o seu erro e repensar os seus princípios, quando estiver errado. É ato de grandeza moral abandonar o erro.

Mas, enquanto sua razão e a sua consciência lhe disserem que está no caminho certo, por coisa nenhuma deste mundo volte atrás.

É digno de si e do respeito de todos quem sabe ser fiel às suas ideias.

A pior derrota é quando se trai as próprias convicções.

Confiar em Deus

"Vinde a mim todos vós que estais cansados e oprimidos, e eu vos aliviarei" (Mt 11,28).

Pense sempre em sua felicidade de crer num Deus tão Pai, tão amigo e tão irmão, que se inclina sobre os seus cansaços, as suas tristezas, as suas mágoas e as suas dificuldades para lhe oferecer consolo, alívio e amparo.

Nem é você quem está suplicando a ele que o ampare. É ele próprio que vem ao seu encontro, para convidá-lo a lhe confiar os seus problemas, garantindo-lhe a sua proteção.

Confie sempre no Senhor.

O bom senso

Uma das virtudes humanas mais importantes é o bom senso.

Ele não exige da pessoa que seja tão escolarizada, nem que pertença a uma categoria social tal ou qual.

Bom senso é aquela capacidade natural de ver as coisas como elas são e de fazê-las como devem ser feitas.

É uma questão de equilíbrio moral que não se aprende em livros, mas com o dia a dia da vida e no permanente contato com os problemas de cada um.

Bom senso é a maneira de enfrentar e resolver com simplicidade aquilo que parece difícil.

Ser cristão

Ser cristão é dar testemunho do amor, da verdade e da justiça, na certeza de que justiça, verdade e amor são o próprio conteúdo essencial de Deus.

Não tem sentido viver com o nome de Deus na boca, se o tiver afastado do seu coração.

Vida cristã é testemunho, é mensagem, é presença, é caridade fraterna bem praticada.

Cristão é aquele que procura descobrir Cristo em cada pobre que vê, em cada enfermo que visita, em cada irmão que abraça.

A virtude

está no meio

Todo extremo é vicioso.

Procure conduzir a sua vida pelos caminhos normais do bom senso. Faça tudo o que tem que fazer como se tudo fosse simples e dependesse só de você.

Se tiver que buscar auxílio em alguém, faça-o com aquela simplicidade de quem vai à fonte em busca da água que mitiga a sede.

Nunca exagere no falar, muito menos no agir, para não cair em algum extremo, pois qualquer que seja, ele é sempre perigoso.

A virtude está no meio, não nos extremos.

Morrer é viver

É pena que o último ato do nosso tempo na terra seja morrer, porque a morte teria tanta coisa a nos ensinar sobre a vida...

Ela mostraria quanto tempo se perde em cuidar de coisas efêmeras... Apontaria tantos erros que poderiam ser evitados... Iluminaria tantos bens que ficaram ocultos na escuridão... Daria tantas lições do amor que não foi verdadeiramente praticado...

Faria com que cada um de nós vivesse melhor a sua vida, em preparação para a eternidade.

A pressa é inimiga da perfeição

Não tenha pressa em fazer O BEM.

É indiscutível a verdade que se contém naquele ditado antigo: "A pressa é inimiga da perfeição".

Nunca se soube de qualquer coisa que, tendo sido feita com pressa, tenha sido bem feita.

Por outro lado, tudo o que é feito com amor, pelo menos com prazer, é feito cuidadosamente, para que, se não puder ser perfeito, traga a marca do zelo, do prazer ou da responsabilidade de quem o fez.

Já se disse que fazer o bem depressa é difícil de acontecer.

A arte de viver

Você pode ter muitos anos de vida e ser jovem.

Muitos se impressionam com a sua idade cronológica. Entristecem-se a cada dia do seu aniversário natalício, somando cada ano como se ele fosse o grande inimigo da sua felicidade.

Idade cronológica não é mais importante do que essa juventude espiritual que você pode mostrar a todos os que contemplam o seu sorriso e bondade ou sentem as irradiações da sua vida interior.

Pense sempre que a arte de viver é morrer jovem, o mais tarde que puder.

Agradecer sempre

Você vive pedindo favores de Deus.

Você vive recebendo de Deus os favores.

Desde o sol e a chuva. A brisa e o vento. O orvalho e a flor. O calor e o frio. A luz e o som. A semente e o alimento. O dia e a noite. O trabalho e o repouso. O barulho e o silêncio. A fé e a esperança. O amor e a caridade. O tempo e a eternidade.

Você recebe o tempo de sofrer e o tempo de sorrir.

Você recebe a vida em cada manhã que desperta.

Você vive recebendo.

Quando foi a última vez em que você agradeceu?

A arte de sofrer

Habitue-se a conviver com a vida, sabendo que os seus caminhos são muito mais de espinhos do que de flores.

Deus dispõe as coisas de tal maneira que não nos esqueçamos de que os sofrimentos purificam, aperfeiçoam e preparam o nosso espírito para melhor saborear as delícias da felicidade. E esta, para cada um de nós, deve ser muito mais uma conquista do que uma dádiva.

Assim como, se não houvesse a noite escura, não teria tanta beleza a luz do dia, assim também, se não houvesse o sofrimento, não poderia haver a alegria.

Chegará sua vez

Preocupe-se muito mais com aquela contabilidade que Deus lhe pedirá um dia, do que com esta que tanto o apega aos bens materiais.

Esta que a vida terrena lhe dá deve servir para o seu sustento, a sua sobrevivência e até, se possível, para o seu conforto, enquanto tiver que morar nesta casa material, em meio às coisas materiais.

É muito mais importante se preocupar com a sua alma que é eterna e não lhe pesará.

Pense nesta trova:

"Quando partir para o além,
Quando chegar a sua vez,
Você não leva o que tem,
Mas, somente o que fez".

Faça o bem a você mesmo

É curta demais esta vida terrena para você se dar ao luxo de perder um minuto sequer com intrigas, maledicências e malquerenças.

Quanto lucraria se evitasse, no dia a dia, esse veneno que aos poucos vai destruindo a sua felicidade...

Enquanto você pensa, fala e faz o que é mau, antes de prejudicar à sua vítima, está envenenando a si mesmo na digestão desse amargor que lhe fica no coração.

O mal que desejamos aos outros permanece dentro de nós em forma de perigoso retorno.

Bondade: um desafio

Saiba ser bom indistintamente. Não há vantagem, nem mérito algum quando você pratica bondade com pessoas que lhe são simpáticas ou mesmo com aquelas que lhe parecem naturalmente boas.

Realmente importante é que você procure ser bom junto àqueles que o recebem mal e tentam colocar dificuldades no caminho da sua bondade.

É um desafio que você mesmo deve se propor a vencer, porque, esse sim, lhe trará a melhor recompensa interior – a da verdadeira caridade cristã.

O poder da mente

Respeite a força da sua mente.

Você sabe o poder que tem o seu espírito. É aquela energia cósmica que, sendo partícula do infinito, dá-lhe tremenda força para atrair o Bem e produzi-lo em si.

Pense sempre o que de melhor você puder pensar. Atraia sobre si a saúde pensando que tem saúde. Provoque alegria pensando muito em coisas alegres. Aumente o Bem que está dentro de você, conscientizando-se de que você foi feito para possuí-lo.

Repita sempre: "Deus me envolve constantemente com a sua Luz protetora".

Ser paciente

Não seja impaciente com os humildes que o venham procurar.

Se eles batem à sua porta é porque precisam e porque confiam em sua bondade.

Talvez estejam cansados de bater em outras portas que não se abriram, ou, pior, que se abriram para humilhá-los ainda mais.

Pense que são irmãos magoados e feridos, sofridos e desprezados.

Estenda-lhes a sua mão. Quem sabe se não será esta a derradeira oportunidade que eles buscam para não se desesperarem?

Seja paciente, tal como Deus quer que você seja.

Amar o próximo

"Quem não ama, não chegou a conhecer a Deus, pois Deus é amor" (1Jo 4,8).

Quando você vir uma pessoa, seja ela qual for, lembre-se de que Deus habita e faz dela seu templo.

Ora, isso quer dizer que você, diante de qualquer semelhante, tem que proceder como se estivesse perto de Deus, de quem qualquer ser humano é "imagem e semelhança".

Se você não conseguir amar o próximo que vê, como será possível amar a Deus que você não vê?

O Pai não abandona ninguém

O Pai que está nos Céus não o abandona.

Ele o contempla. Você é pensamento divino feito realidade humana. Não veio à vida por acaso, mas por amorosa vontade do Criador.

Pense nisso cada vez que estiver em dificuldade, cada vez que lhe assaltar a tentação do desânimo.

Deus o ama tanto que o trouxe à vida para ser um dos seus filhos e para poder se glorificar em você.

Pense, diga e repita muitas vezes:

"O Senhor é o meu Pastor. Nada me faltará".

Respeito pelos direitos e deveres

Os seus direitos são sagrados e você não só não deve, como também não pode abrir mão deles, quando se trata de princípios substanciais.

Abra mão dos seus bens materiais. Dos seus privilégios sociais. Das regalias que a sua condição lhe dá. Não abra mão da Verdade, verse ela sobre o que versar.

O seu direito substancial é como a sua vida, da qual você não pode dispor.

Mas saiba que quem está perto de você também tem direitos iguais aos seus. Habitue-se a respeitá-los.

Os direitos do seu próximo começam exatamente nos limites dos seus.

Amarás ao teu Deus...

A Lei de Deus está assentada, toda ela no Amor, tal como nos descreve o evangelista, naquele jovem que, ao se aproximar do Cristo, perturbado por causa das tentações do mundo e em face das suas naturais fraquezas, perguntou-lhe: "Mestre, que devo fazer de bom para ter a vida eterna?" (cf. Mt 19,16).

O Senhor respondeu: "Amar o Senhor, teu Deus, com todo o teu coração, com toda a tua alma e com todo o teu entendimento, e amar teu próximo como a ti mesmo" (cf. Mt 22,37-39).

O seu projeto é a sua vida

Faça da sua meditação matinal o melhor projeto de ação para o seu dia que começa.

Não medite apenas para pensar, mas, sobretudo, para agir. Esta sua meditação deve ser uma boa preparação para os passos da sua vida diária.

Pense em algo que lhe sirva para viver bem o dia que, pela infinita Bondade, se põe à sua frente.

Pense em seus deveres. Pense que você é livre e que tem responsabilidades a cumprir.

Há muita gente fazendo projetos, sem nada construir.

O seu projeto é a sua vida.

Por que a incomunicação?

Cada dia que passa nós vemos o mundo se tornando menor, graças aos progressos da ciência e da técnica. Cada dia maior se vai tornando a população da Terra, mais pessoas nascendo, mais pessoas cruzando os mesmos caminhos.

Pense, então, como se pode explicar ou compreender que, num mundo que se torna cada dia menor em suas distâncias, no qual as pessoas mais e mais passam umas pelas outras em seus caminhos, elas, no entanto, vivem cada vez mais afastadas umas das outras?...

Liberte-se do medo

Afaste de si o medo.

Você não está abandonado, como se fosse uma folha solta levada pelo vento.

Você tem um Pai que é o seu próprio Criador. Ele o fez à sua imagem, imprimindo-lhe a sua Vida que é eterna, como a sua é eterna.

Desde o dia em que você começou a existir, está vinculado ao seu Criador, por ele assistido e guiado. Saiba que o Amor de Deus por você é infinito e não permitirá que se desgarre, se perca, nem fique ao léu como se estivesse só.

Pense e repita sempre na intimidade da sua alma: Deus me envolve em cada instante com o manto da sua proteção!

Mãe!
Grande dom de Deus

Todos nós temos ou tivemos nossa Mãe. Nunca será demais repetir que ela foi o que Deus nos deu de melhor e mais belo na terra.

Ser Mãe é tão maravilhoso que o próprio Deus quis ser homem para ter, ele também, sua Mãe.

Mãe é como joia de altíssimo valor que a gente vê a cada instante, enquanto a tem, mas só quando a perde é que se mede quanto ela vale.

Deus é o nosso Criador.

A Mãe é a continuadora de Deus na natureza. Ela é o pensamento do amor eterno de Deus.

Quando Deus pensou em si, pensou no Amor e, pensando no Amor, criou a Mãe.

Ajude
sempre que puder

Dar esmola é praticar um ato de amor.

Observe bem como o pobre mendigo lhe pede uma esmola, o seu gesto, o seu olhar e as suas palavras – "pelo amor de Deus".

Não pode ser de outro modo a sua doação.

Cuide que o ato de dar não humilhe o pobrezinho que precisa.

Não dê sua esmola para chamar a atenção dos transeuntes, parecendo que faz questão e que eles testemunhem a sua generosidade humana. Dê ao pobre sua ajuda da maneira mais discreta possível, como se somente Deus o visse.

Ajude sempre pelo amor de Deus.

Mostre sempre um sorriso

Procure ser agradável em tudo o que tiver que fazer.

A maneira com que você se apresenta, na intimidade da sua família ou em público, significa muito para o Bem que você deve praticar. Seja sempre suave a sua fisionomia, transmita sempre a paz onde aparecer, mostre sempre um sorriso que cause aos outros a impressão de que, apesar de ter problemas, você é capaz de demonstrar essa bondade que só existe nos bons e nos que só pensam em praticar o Bem.

Faça do seu rosto o espelho da sua alma.

Saber viver bem

A vida é como uma passagem, uma ponte que nos liga entre aquele nada em que não éramos e aquele tudo que é Deus.

É passagem, por isso não admite que fiquemos parados. É movimento constante do tempo para a eternidade.

É preciso, portanto, caminhar, porque, assim como ninguém mora em cima de uma ponte, também embaixo dela não se pode morar.

Caminhe. Vá em frente.

Cada minuto é contado para a sua felicidade, conforme você o souber aproveitar na prática do Bem.

Viver a fraternidade humana

Uma das coisas mais belas da vida é a fraternidade humana.

Alimente sempre dentro de si esse espírito de fraternidade que aproxima os filhos de Deus e diminui o tamanho das diferenças que a sociedade preconceituosa criou e alimenta dia a dia.

Afaste do seu coração essa estupidez de diferenciar entre os seus semelhantes, tal como o faz o injusto mundo em que vivemos.

O pobre é tão de Deus quanto o rico; tanto é filho o sábio quanto o ignorante.

Quando rezam, todos se igualam diante do Pai, dizendo: "Pai nosso que estais no Céu".

Ser irmão é ser feliz

O que mais falta no mundo de hoje é a fraternidade humana e cristã.

Ser irmão não é só nascer dos mesmos pais, à força do mesmo sangue.

Isso, em verdade, nem dependeu de você.

Ser irmão é entrelaçar os destinos e ouvir a voz do semelhante que chama, que pede, que reclama e que chora. É socorrer a quem precisa.

Ser irmão é ser feliz com a felicidade do outro, é rir com as alegrias do próximo e ser solidário nas boas e nas más horas da vida.

É louvar o mesmo Pai que está nos Céus.

Todos temos valor

Nenhum trabalho, nenhuma tarefa é tão insignificante, tão simples, tão humilde que não brilhe aos olhos de Deus.

Portanto, seja qual for a tarefa que você tem a desempenhar, receba e cumpra como se fosse a mais bela e mais importante.

Não dimensione a sua obrigação pelo que ela possa parecer diante da vaidade humana, mas pelo que ela possa valer diante da sua consciência.

O gari que apanha o lixo, limpando as ruas, vale tanto quanto o cientista que pesquisa a saúde do mundo, ou mais, se trabalha com mais amor.

Amor que vem de Deus

O verdadeiro amor é aquele que não nasce do corpo, porque é do espírito, que não provém do homem, porque vem de Deus.

Eis aí a grande pregação da felicidade, da paz, da concórdia, da fraternidade e da justiça.

O apóstolo João escreve: "Nisto sabemos o que é o amor: Jesus deu a vida por nós. Portanto também nós devemos dar a nossa vida pelos irmãos. Se alguém possui riquezas neste mundo e vê o seu irmão passar necessidade, mas diante dele fecha o seu coração, como pode o amor de Deus permanecer nele?" (1Jo 3,16-17).

Bendigo ao Senhor pelo ar que respiro!

Adquira o saudável hábito de respirar profundamente. Cada vez que você enche os seus pulmões do ar puro da natureza, estará se renovando no manancial de vida e alimentando de saúde o seu organismo.

O ar que você respira é partícula de Deus em forma de natureza. Cada ato respiratório seu é uma espécie de comunhão entre a criatura e o seu Criador.

Respire fundo muitas vezes, mas não se esqueça de agradecer ao Pai por lhe oferecer o ar que revitaliza e dá saúde ao seu corpo.

Seja corajoso e forte!

Tenha fé e confiança em Deus, principalmente nas horas mais difíceis da sua vida.

Não desespere. Não blasfeme. Não amaldiçoe as horas de dificuldade.

Seja corajoso e forte nas tempestades.

Cristo, no Horto das Oliveiras, quando o Anjo lhe apresentou o cálice da amargura e ele viu tudo por que ia passar, também teve medo. O homem que estava nele, apavorado, disse: "Meu pai, se possível, que este cálice passe de mim". Logo em seguida, confiando, disse: "Não seja feito como eu quero, mas como tu queres" (Mt 26,39).

Sorrir para a vida!

Quando acordar em cada manhã, abra sua janela, respire fundo o ar que lhe oxigena os pulmões, veja a claridade, o azul do céu.

Que mais você quer para abrir à vida o seu sorriso de felicidade?

Só a graça de viver já lhe seria bastante para sorrir. Com a riqueza da luz, do ar que respira e da vida ao seu redor, não seja mal-agradecido, louve e bendiga ao seu Criador pelo dia que lhe dá, pela vida que lhe concede, pelo Amor, pela Fé e pela Esperança que o alimentam.

Saber pedir

Nós somos mendigos de Deus.

Os que têm dinheiro, pedem paz. Os que têm paz, pedem amor. Os doentes reclamam saúde. Os oprimidos exigem justiça. Os errantes querem pouso. Os caluniados suplicam verdade. Os intranquilos mendigam a fé. Os orgulhosos esmolam humildade. Os humildes vêm a Deus e aí se tornam pequenos grãos de milho.

Não há quem fique sem pedir. Mas, não há quem, pedindo, fique sem receber.

É a infinita Bondade de Deus à qual nós temos que agradecer.

Não desanimar

Quando você se sentir sozinho, a tristeza tomando conta do seu espírito, assim como uma nuvem pesada escurecendo o céu da sua alma, não se entregue ao desânimo que abate. Tome este estado passageiro como uma lição, como um aviso e uma advertência.

Perto de você deve haver alguém doente, esperando uma visita, uma palavra, um sorriso de fraternidade.

É a oportunidade que Deus está lhe dando de sair, ir até lá e praticar um ato de amor cristão.

Vá e saia de dentro da sua tristeza.

A simplicidade do ser

Não há quem seja mais frágil do que aquele que se anestesia com os elogios que recebe.

A pessoa inteligente não dá atenção aos elogios baratos, mas prefere uma crítica honesta, que venha com a intenção de lhe trazer perfeição.

Tolo será sempre aquele que se engorda com lisonjas à sua inteligência, ao seu saber, à sua riqueza ou beleza. Nem desconfia de que os mesmos que o lisonjeiam são os que zombam da sua mediocridade e da sua estultice.

Prefira a crítica honesta ao falso louvor.

A eterna juventude

Não dê tamanha importância aos anos de vida que você já tem. Dê muito maior importância, isso sim, à idade que emana do seu interior e se irradia em sua fisionomia.

Há muitos jovens envelhecidos pelo sistema de vida que levam. Há muitos com muitos anos de vida, transmitindo uma aparência tão jovial que chama a atenção de todos.

Alimente bem o seu corpo. Alimente, sobretudo de alegria, de bondade, de amor e paz o seu espírito e conserve no seu exterior essa juventude que não morre no seu interior.

Ser humilde
é sinal de sabedoria

Seja sempre humilde.

A humildade não é a maior, mas é a mais bela de todas as virtudes.

Não se sabe de nenhuma pessoa humilde que não tenha sido querida por todos. Ao contrário, nenhum orgulhoso conseguiu ter amigos.

Ser humilde é ter muito, como se não tivesse nada. É ter que aparecer preferindo se ocultar. É ser aplaudido, pedindo que se aplaudam os outros. É pedir sempre desculpas por estar presente, mas nunca deixando de se apresentar como em um dever a cumprir.

Seja humilde!

Semear bondade no caminho

Quando você faz qualquer coisa em favor do próximo, estará fazendo bem a si mesmo.

Nunca negocie o bem. Negociam-se as coisas, o bem, nunca. Portanto, não exija nada em troca do que puder fazer em benefício de quem quer que seja, porque qualquer um é seu irmão, colocado à sua frente, como instrumento pelo qual Deus quer provar o seu espírito de amor ou a sua solidariedade humana.

Não tenha preguiça de ser bom. O Bem que se pratica é lucro que se recolhe.

Descobrir o lado bonito do irmão

Procure sempre descobrir aquela luz que brilha na alma do seu próximo.

Não se fixe na contemplação dos defeitos que ele tem. Esta é a parte negativa existente em todo ser humano. Descubra o lado bonito, bom e virtuoso, que não falta em ninguém, como não podia faltar, já que todos somos filhos do mesmo Pai, de infinita perfeição.

Aperfeiçoe o seu espírito buscando encontrar nos outros tudo aquilo que você quer que encontrem dentro de você – a bondade, a justiça, a paz, o amor.

Dê um pouco de si

Não seja avarento em relação aos talentos que Deus lhe concedeu.

Procure ajudar aos seus irmãos.

Você tem saúde. Pense naqueles que estão doentes...

Você anda. Pense nos paralíticos, presos a uma cama ou cadeira de rodas...

Você fala e ouve. Lembre-se dos que são surdos e mudos...

Você vê. Quantos ao seu redor não sabem o que são as belezas da natureza...

Você tem trabalho. Tenha pena dos que estão desempregados e aflitos...

Você sorri. Há muitos que, neste instante, estão sofrendo e chorando...

Dê um pouco do que tem àquele que nada tem.

Viver a paz

Tome cuidado para não se entregar à tentação de querer ser juiz do seu próximo.

A sua vida lhe pertence. Dela e somente dela você terá que prestar contas. A vida alheia não está sujeita ao seu julgamento. Os erros do seu semelhante sobre ele pesarão.

Baste a você o que é seu, o que você faz. A conta-corrente da sua vida tem o seu nome, os seus atos, a sua responsabilidade.

Não se intrometa na vida do seu próximo, da mesma forma como não admitiria que ele se intrometesse na sua.

Ser forte para crescer

Exercite a sua força mental positiva.

Conscientize-se de que dentro de você, lá no mais profundo do seu ser, há uma energia cósmica, partícula da energia divina que o faz forte, poderoso e respeitado.

Tendo certeza disso, afugente de si toda tentação do medo que o diminui e o faz pequeno demais.

Ter tantas razões para ser forte, guardar tanta energia para crescer e, ao mesmo tempo, ter medo da vida, do mundo e dos semelhantes, é ser covarde.

Seja corajoso!

Irradiar ternura

Não grite com o seu semelhante.

Seja sempre polido na maneira de falar e no tom de voz quando fala.

A pessoa irritada fala alto e agressivamente. É difícil suportá-la.

Já notou que até a música, quando em volume elevado, é irritante? Quanto mais a voz que dá ordens, que repreende e que discorda...

Fale aos seus iguais e aos seus subordinados como quem fala a um amigo. Mesmo dando suas ordens, fale em tom que revele a sua educação e o seu respeito à dignidade da pessoa humana.

Confie em si mesmo

Confie em si mesmo.

Tenha certeza de que vencerá toda e qualquer dificuldade em sua vida. Afinal, você não foi colocado na vida como se ela fosse um enigma indecifrável.

Quem o fez vir ao mundo foi Deus – seu Pai e Criador –, para quem você é uma obra de amor.

A melhor prova de que você crê e confia no seu Criador está na confiança que tem em si próprio.

Confie em si e tenha a certeza de que vencerá.

Distribuir o perdão

A caridade tem muitas faces. Ela aparece às vezes como bondade que se revela na doação de uma esmola. Outras vezes, como visita ao encarcerado. Está na presença de um enfermo, com a fisionomia de consolo.

Lá adiante, eu a vejo acariciando uma criança. Dentro de casa, suportando as diferenças. Na escola, ensinando a quem não sabe. Frente ao órfão, enxugando as lágrimas. Nas horas mais difíceis, consolando aflitos.

Mas, eu a vejo mais bela é quando distribui o PERDÃO.

Sementes de vida

É de Rabindranath Tagore este pensamento:

Em muitos dias de ócio lamentei o tempo perdido. Mas ele não foi de todo perdido. O Senhor guardou em suas mãos cada instante da minha vida.

Escondido no coração das coisas, ele estava alimentando as sementes para que sejam rebentos, os botões para que sejam flores e amadurecendo as flores para que sejam frutos.

Eu dormia cansado no meu leito, indolente, julgando que todo o trabalho tivesse cessado. Acordei de manhã e encontrei repleto de milhares de flores o meu jardim.

Ainda resta uma esperança!

Para o cristão há sempre uma renovação do "agora". Eis por que ele está sempre tão essencialmente alegre e otimista.

É fácil compreender isso, quando se tem o verdadeiro cristão como imagem real daquele que nunca deixou de confiar e esperar.

O homem infeliz é aquele que não crê, porque, não crendo, não tem o direito de esperar.

A Esperança é a mais alegre de todas as virtudes.

Quando tudo parece envolto em nuvens de terrível tempestade, o cristão sempre pode repetir: "Ainda resta o Cristo!".

As origens da vida

Não se desgarre de suas origens. Não se envergonhe da pobreza dos seus antepassados.

Os homens que construíram a história, em quase absoluta maioria, vieram das camadas mais humildes e não tiveram pejo da sua humildade. Ao contrário, fizeram dela degraus para sua ascensão na vida.

Citá-los seria um nunca acabar.

Caíram, sim, os orgulhosos, que não souberam olhar para baixo, com vergonha de se verem menores, esquecidos de que as raízes de uma árvore se enterram para que ela cresça.

Respeite a vida!

Aprenda a sacrificar as suas preferências, os seus privilégios, mas, nunca sacrifique as suas convicções.

Os privilégios e as preferências são coisas supérfluas, com as quais você vive e sem as quais também. Elas são coisas que vêm de fora para você. Não são essenciais à sua vida.

Já as convicções, estas nascem de dentro para fora, são partes do seu "EU", são substâncias da sua personalidade.

Respeite e viva de tal modo que os outros se sintam obrigados a respeitar as suas convicções.

Felicidade conquistada

A vitória sobre as dificuldades é a grande descoberta do ser humano a respeito de si mesmo. A felicidade não lhe foi prometida como dádiva. Ela é, essencialmente, uma conquista.

Mas, para se chegar a ela é necessário lutar, transpor muitos obstáculos, ser obstinado, ter paciência. Esperar.

A felicidade é como uma obra de artesanato: fio por fio, fibra por fibra. Ela não nasce feita, ela se faz, minuto a minuto na prática do Bem, na paz da consciência.

Mas, quando ela chega, é para ficar, é sua, definitivamente sua.

A cada dia a sua luta

A cada dia a sua pena.

Você não está obrigado a se preocupar com o dia de amanhã. A rigor, nem tem esse direito, mesmo porque ele não lhe está assegurado.

Cuide de garantir o dia de hoje, cada minuto da vida que lhe será debitado se não o viver bem, ou creditado, se o vive com dignidade.

Tome consciência de que a sua vida é a soma de cada ato que praticar.

A dignidade com que você vive cada momento, essa sim, vai pesar na balança do seu julgamento.

Por que, então, querer assumir hoje a responsabilidade de amanhã?

A transparência da vida

Há um provérbio italiano que diz: "Não devemos apontar os erros alheios com um dedo sujo".

Muita sabedoria está contida nesta frase, se nós a examinarmos com sinceridade.

Lembra aquela passagem da vida do Cristo, quando os hipócritas queriam apedrejar uma mulher que havia cometido adultério.

Ela foi apresentada a Jesus pelos seus juízes que perguntavam, à luz da Lei de Moisés, como deviam proceder. Cristo, olhando firme nos olhos deles, sentenciou: "Quem dentre vós não tiver pecado, atire a primeira pedra!". Um por um, todos eles se foram (cf. Jo 8,1-11).

Fazer bem tudo o que se faz

Faça o que está fazendo como se esta fosse a última coisa a ser feita por você.

Quantas vezes, desde a sua infância, você ouviu este conselho de sabedoria?

Em vez de se assustar com ele, tome-o como lição para que cada ato seu seja praticado com aquele cuidado que não pode merecer repreensão, senão louvor.

Fazer bem tudo o que se faz é merecer o prêmio tão sonhado por qualquer um.

Quem não quer ser premiado pelo que faz? Quem não deseja que Deus se alegre com sua ação?

Conquiste a vida com o seu esforço

Tire de cada dificuldade que a vida lhe trouxer a lição de que nada tem valor a não ser o que é conquistado.

Não fique à beira da estrada, de braços cruzados, esperando que as coisas com que sonha lhe caiam do céu. Busque-as com o seu trabalho. Conquiste-as com o seu esforço. Valorize-as com a luta honrada que as torna mais suas e mais meritórias.

Ao longo da sua vida aprenderá que poderá vencer qualquer dificuldade, enquanto compreender que os espinhos você os tem a cada passo; as flores, de quando em quando.

Exercite a sua caridade

A dor pode não ser sinônimo perfeito de amor, mas, é sem dúvida, um grande meio de atrair o amor.

Visite uma pessoa que se encontra doente. Contemple-se diante da sua fragilidade física... Perceba a sua carência espiritual. Sinta como é grande a sua força naquele quadro.

Incline-se e veja quanto você pode fazer para diminuir aquele sofrimento. Meça a força do milagre de sua bondade. Perceba quanto pode o seu sorriso.

Exercite a sua caridade.

O essencial da vida

"A terra se tornaria inabitável, se cada um deixasse de fazer por polidez o que é incapaz de fazer por amor. O mundo seria quase perfeito, se cada um conseguisse fazer por amor o que faz só por polidez" (G. Thibon).

Vale pensar profundamente nesta verdade.

Quantas vezes, só para impressionar aos outros, somos finamente educados, praticando um ato social que teria ficado profundamente marcado, se não houvesse sido feito tão superficialmente, como enfeite da vaidade?...

O que faltou para ficar?

Faltou a essência. Faltou o Amor.

Se cair, levante-se

Siga em frente. Não olhe para trás, senão para recolher as lições que o passado tem para lhe dar, como estímulos para o seu futuro.

Se cair, levante-se. Se se atrasar, não desanime. Se outros vão à sua frente, siga-os. Mas, vá sempre caminhando em direção aos horizontes do Bem e da Verdade.

Vá com as forças que Deus lhe deu, mais depressa ou mais vagarosamente, porém, sempre em frente, certo de que o seu destino não é chegar já, mas, é chegar bem ao endereço da sua felicidade.

Deus

é misericórdia

Deus não se cansa de ser misericordioso.

A todos os seres humanos, aos ricos e aos pobres, aos doentes e sadios, aos oprimidos e aos que oprimem, aos justos e aos injustos, aos soberanos e aos humildes, a todas as pessoas, de igual modo, Deus se inclina para ensinar que o único remédio para a cura de todos os males e em cuja verdadeira essência se encontram os verdadeiros caminhos da Verdade e da Vida, da Esperança e da Fé, esse único remédio é o AMOR.

Amar os inimigos

"Amai os vossos inimigos e orai por aqueles que vos perseguem! Assim vos tornareis filhos do vosso Pai que está nos céus; pois ele faz nascer o seu sol sobre maus e bons e faz cair a chuva sobre justos e injustos. Se amais somente aqueles que vos amam, que recompensa tereis? Os publicanos não fazem a mesma coisa? E se saudais somente os vossos irmãos, que fazeis de extraordinário? Os pagãos não fazem a mesma coisa? Sede, portanto, perfeitos como o vosso Pai celeste é perfeito."

Isso disse Jesus (Mt 5,43-48).

Ser livre!

Todos nós somos livres.

Ser livre não é, fundamentalmente, fazer o que se quer. É mais profundo. É fazer o que se deve fazer.

Quando você faz só o que quer assemelha-se aos animais que se deixam guiar pelos instintos, porque a eles Deus não deu isso que se chama Liberdade. A você, sim.

Liberdade é a adequação da sua vontade ao Bem.

Você, portanto, é livre, mas, como ser inteligente, compreenda que Liberdade não existe sem responsabilidade.

Tudo é passageiro

Não se apegue aos bens materiais. Não se faça deles escravo.

Os bens que a Providência lhe concedeu possuir devem ser usados para a sua subsistência, a conservação de sua saúde e até para o seu conforto material, é claro. Para isso você trabalhou.

O que não é possível é que você não pense em outra coisa, a não ser em possuir bens materiais, como se não houvesse outros valores mais importantes e essenciais.

Lembre-se de que os bens que temos a morte os consome; o bem que fazemos o Céu retribui.

Não permanecer no erro

"Errar é próprio do homem."

Não se sabe de um só que não tenha errado, mesmo porque a raiz primeira do erro foi o pecado original.

O procedimento de cada qual diante do erro é que o difere e caracteriza.

O hipócrita dissimula o erro. Finge que não o conhece. Nega a sua existência.

O viciado persiste no erro. Faz dele o seu patrão. É seu escravo. Deitou-se e não tem coragem para se levantar e reagir. Entregou-se. Capitulou.

O honesto, este se esforça por não cair outra vez. Reage e vai adiante, consciente de que, se errar é humano, perseverar no erro é diabólico.

Perdoar nem sempre é fácil

A Caridade é o Amor. Mas, o ponto mais alto da Caridade é o Perdão.

Perdoar nem sempre é fácil. Às vezes até chega a parecer impossível. Entretanto, é sacrifício essencial à vida de quem se diz e quer ser filho de Deus.

Afinal, o que é a Redenção que o Cristo veio operar na humanidade, senão um ato universal do Perdão, como ato supremo do Amor?!

Ora, se fomos todos envolvidos no perdão de Deus, por que dificultarmos tanto a vivência deste ato de perdoar, quando se trata de um semelhante que nos ofendeu?

O coração que reza

Todos rezam todos os dias.

Todos precisam pedir ao Pai muitas coisas.

É a condição humana diante da onipotência incondicional de Deus.

Não basta, porém, que você abra seus lábios, articule suas palavras, desfie suas orações. É indispensável a Fé interior naquele a quem você se dirige.

A Fé é o espírito que anima a oração, assim como a sua essência é a necessidade humana expressa diante de Deus.

Quando orar, robusteça a sua Fé com esta garantia do próprio Cristo. "Aquele que pede, receberá".

Ideias fixas?

Tome muito cuidado com as chamadas "ideias fixas"?

São impressões da nossa mente que chegam ao ponto de nos dominar, anulando todos os nossos pensamentos e comprometendo as nossas ações.

Quem deixou a sua mente se influenciar pelas tais "ideias fixas" tornou-se escravo de fantasmas dos quais dificilmente se libertará.

Forme antes a convicção inabalável de que você está envolvido pelo Amor de Deus, orientado e protegido pela Luz divina que penetra e ilumina o seu interior.

E basta!

Procure praticar o bem

Procure praticar o Bem.

Mas, enquanto não lhe for possível praticá-lo, vá tentando imitar quem o pratica, porque, à força de você imitar, acabará praticando.

As criancinhas não sabem falar, mas tanto imitam o que falam os seus pais que acabam exercendo o ato de falar.

É melhor que você imite o bem do que o mal.

Quem imita o bem, pratica o bem. Quem o mal, acaba se enveredando pelos caminhos do mal.

Sofrimento
e esperança

O sofrimento é aquele recipiente pelo qual passa a ação purificadora de Deus em direção à nossa alma e que se destina à nossa perfeição espiritual.

Se não fosse o sofrimento, nós viveríamos mergulhados permanentemente no oceano das nossas ilusões. É ele que nos desperta para a realidade dos valores sobrenaturais e nos mostra a face do Cristo sofredor.

Após um sofrimento, moral ou físico, cada um de nós sai mais consciente, mais humano e mais cristão.

Aproveitar bem o tempo

Se você acordar na madrugada e ficar procurando o sono de um lado para outro da sua cama, não se atormente com aquela ideia de que tem que cumprir as horas que faltam.

Normalmente, se você acorda, após um período de sono profundo, é porque o seu organismo já está satisfeito.

É melhor que você se disponha ao despertar. Se não for para o movimento, ao menos, aproveite para uma boa e proveitosa leitura.

Viva o tempo que Deus coloca à sua disposição.

Deus é Bom!

Procure ser bom. Seja-o sempre mais.

Deus é Bom, infinitamente Bom.

Ora, se você foi feito à sua imagem e semelhança, terá que ser, também, essencialmente bom, embora o pecado lhe tenha marcado com manchas do mal.

O que mais o assemelha a Deus é a sua bondade, essa marca divina que você mostra aos seus semelhantes em cada ato de caridade que pratica e, até, em cada sorriso com que suaviza o seu semblante.

É muito poderosa a arma da bondade, pois ela consegue abrandar e desarmar muita maldade nos corações humanos.

Valorize seu trabalho

Valorize sempre e cada vez mais o seu trabalho.

Se trabalhar, em origem, é a consequência de um erro, é um tributo a pagar ao longo da vida – "comerás o pão com o suor do teu rosto" –, é bem verdade que desse mal nós teremos que colher os frutos do bem, dignificando e honrando o trabalho como condição vital para a nossa perfeição.

Qualquer que ele seja, terá de ser feito com amor, porque, por mais humilde que seja, ele nos eleva aqui e na eternidade.

Sua vida valerá sempre pelos sacrifícios que lhe custou.

Só é livre quem é disponível

A liberdade é sempre um belo ato de renúncia.

Não se pode ser livre quando se está preso a um sentimento de paixão, qualquer que seja. Não é livre quem se apega demasiado a bens materiais. Não é livre quem se julga dono da verdade e não aceita os conselhos, nem a opinião dos outros.

Só é livre quem vive em permanente disponibilidade: para a Verdade, para o Amor, para a Justiça e para o Bem.

Lembre-se de que no menor esforço de renúncia reside uma imensa força de libertação.

Filhos do mesmo Pai

Chegará esse dia em que Deus lhe pedirá conta da sua relação de vida e de solidariedade com os seus irmãos.

Há uma ruptura deste espírito fraterno que está incomodando a paciência divina. Parece que ele é pai de alguns, não de todos.

As discriminações se repetem – discriminações sociais, raciais e religiosas.

Ricos desprezando pobres, brancos e negros se isolando, cristãos não se entendendo como irmãos do mesmo Redentor...

Que resposta daremos ao Pai?

Afinal, foi para nos unir e igualar que ele se encarnou e foi crucificado.

Repartir felicidade

A felicidade é a única coisa que podemos dar sem possuir.

Veja, você não pode dar um presente sem o ter; não conseguirá andar sem ter as pernas e os pés; não abraçará sem os braços; não poderá ver, se não tiver a visão etc.

Mas, ainda que lhe falte aquela felicidade que sonha, pode proporcioná-la ao seu próximo de várias maneiras: com uma visita ao necessitado, um sorriso a um velhinho abandonado, uma palavra amiga a quem encontra no caminho.

Quem sabe?

Talvez Deus espere que você dê para depois receber.

"É dando que se recebe" (São Francisco).

Mãe!
Expressão de amor

Certa vez eu li e gostei deste pensamento: "Quem tem Mãe tem todos os parentes".

É verdade. Mãe é a síntese de todo esse universo humano que se chama família. A rigor, ela é a única que caracteriza o sentido de união dentro de uma casa.

É quem gera, alimenta e ama.

É quem reúne, santifica e eleva.

É ela quem se lembra de todos, esquecendo-se de si mesma.

É aquele ponto de encontro necessário entre Deus e os seres humanos e que se chama Amor.

Venere sua Mãe, onde ela estiver.

A importância de ser justo

É mais importante ser justo do que ser generoso. Você poderia estar praticando mil atos de generosidade e fabricando, ao mesmo tempo, cem atos de injustiça.

Quando, por exemplo, você estende a mão para dar uma esmola, é evidente que pratica aí um ato de generosidade. Se este auxílio estiver sendo dado a um falso mendigo, estará sendo injusto para com a sociedade mesmo sem saber, não é?

Ou, se ele é mendigo de verdade, mas você só estiver dando esmola para chamar a atenção dos que passam, e ser aplaudido por sua generosidade?

São apenas dois exemplos.

É dando
que se recebe

Nunca desconfie da generosidade com que Deus o ampara e o cumula de bens. Não pretenda medir pela bondade dos homens a bondade do seu Pai Celestial.

Uma nesga de dúvida que você coloque na medida do que vai receber já anula os efeitos da sua oração. Se não está acreditando no que está pedindo, como pode o Senhor acreditar em você?

Medite sobre estas palavras de Jesus:

"Se vós, que sois maus, sabeis dar coisas boas aos vossos filhos, quanto mais vosso Pai que está nos céus dará coisas boas aos que lhe pedirem!" (Mt 7,11).

Deus é o perdão

Deus é o perdão multiplicado ao infinito.

A humanidade está sujeita a errar e a pecar. O erro é o pecado que se comete contra os seres humanos; o pecado é o erro praticado contra Deus.

Os erros humanos nem sempre são perdoados, porque dependem dos homens que nem sempre sabem perdoar. Mas, os pecados, esses têm sempre abertas as portas do perdão, porque Deus, que é Pai, penetra o âmago do coração, debruça-se misericordioso sobre seu filho que caiu, levanta-o e o perdoa.

"Quantas vezes?", nós perguntamos.

Aos homens ele mandou que perdoassem setenta vezes sete vezes.

É sinal de que Deus sabe perdoar nas razões do infinito.

Você será feliz!

Confie sempre, sem cessar, na infinita Bondade de Deus.

Trabalhe com a dignidade de quem tem um dever a cumprir. Preencha honestamente cada hora do seu dia. Feito isto, ao chegar a hora de repousar, entregue-se a Deus com a tranquilidade de quem viveu o seu dia no cumprimento do seu dever. Caia nos braços de Deus, tal como a criancinha no colo de sua mãe.

Ao despertar, pense no Pai e diga: "Deus me indicará, hoje, o que devo fazer".

Você será feliz!

Cultivar as amizades

É uma felicidade possuir bons amigos.

Nem todos possuem.

Então, cultive sempre as boas amizades.

Um bom amigo é tesouro cada dia mais valioso, do qual não se pode prescindir.

Ele é como um mensageiro de Deus ao seu dispor. É a palavra amiga para o seu desânimo ou abatimento moral. É a presença necessária em seus momentos difíceis.

É a força interior que vem de fora para lhe dar coragem e ajudar no seu progresso.

Sabedoria humana

Qualquer um de nós encontra dificuldades na vida.

Sábio é aquele que delas tira proveito, construindo com elas os degraus da sua vitória, do seu progresso, da sua perfeição.

Tolo, porém, é aquele que fica parado diante de qualquer dificuldade, como se ela fosse intransponível, como se aí a sua vida tivesse de acabar. Faz lembrar aquele infeliz de quem nos fala o Evangelho, que pôs a mão no arado e ficou olhando para trás, em vez de arar a terra à sua frente.

Pensar no bem

Habitue-se a ter Deus dentro de si. Ele, pela graça, já mora em você, mas, é preciso que você mesmo tome consciência desta presença divina.

Onde estiver, andando ou parado, trabalhando ou descansando, mentalize a presença de Deus. É importante que faça isso, para se deixar envolver pela força infinita que age em seu espírito, que o dirige, protege e norteia as suas ações e toda a sua vida interior e exterior.

Não é preciso falar, basta pensar: "Eu estou envolto no manto da proteção de Deus".

Sejamos corajosos!

Seja sempre determinado em suas decisões.

Pense, meça a verdade e a justiça do que pretende fazer, analise as consequências para que, quando se decidir, seja para depois não se arrepender.

Não fique medroso e indeciso, nesse "vou, não vou" que é marca dos fracos.

Desde que envolva a sua ação na responsabilidade conveniente, conscientize-se de que, se você deseja fazer algo, é Deus quem quer que o faça.

Confie em si mesmo.

Valemos por aquilo que somos

Para que você se dê o direito de ser respeitado como pessoa de responsabilidade, não transija com tudo que o cerca, com tudo que lhe é solicitado.

Aprenda a dizer "não", quando sua consciência o orientar assim.

É grande e preciosa essa virtude que, além do mais, caracteriza a sua independência moral e a força da sua personalidade.

E quem ouvir de você um "não" polido, mas, firme e decidido, irá respeitá-lo o quanto merece.

Continuar a obra do Amor

Seja um colaborador de Deus na natureza.

Quando Deus o criou foi por obra de Amor, fazendo de você sua "imagem e semelhança".

Você foi feito para continuar a obra divina do Amor.

Faça o bem onde, como, quando puder.

Estenda a mão aos seus irmãos, principalmente aos mais necessitados.

Você sentirá, então, que uma outra mão se estenderá em seu favor, e reconhecerá que é a mão de Deus.

Tentar
sempre de novo

Por que está pensando que, pelo fato de ter errado tantas vezes, não vê o caminho da sua conversão?

Não se atormente com isso.

Mire-se no exemplo de um bebê. Ele tenta caminhar. Cai muitas vezes. Tenta de novo. Cai mais vezes, mas, não desanima: vai tentando até que caia menos e até que não caia mais.

Vá procurando caminhar sem cair, você também.

Este é o seu verdadeiro destino e o que lhe dará o prêmio de que lutou e venceu por si mesmo.

Eu sou feliz!

Mantenha sempre calmo o seu espírito, sem se deixar levar pelas alterações do seu temperamento.

Para cultivar o temperamento tranquilo e bem equilibrado é recomendável que você se concentre e exercite o poder da sua mente, repetindo pensamentos de afirmação e fé, tais como: "Eu sou filho de Deus e, por isso, o meu espírito está sempre envolvido pela paz divina que habita em mim".

"Eu sou feliz!"

Deus está dentro de você

Deus está dentro de você.

Não ocupando um espaço, mas, essencialmente *em você*, fazendo parte do seu ser. "Você é templo vivo de Deus", disse o Apóstolo.

Portanto, sempre que estiver trabalhando, descansando, passeando, ouvindo sua música, pensando... Deus está com você, porque ele está no seu ser, como presença viva a acompanhar cada instante da sua vida.

Tenha consciência disso, e viva melhor!

É fácil amar?

Seja perseverante no bem e na prática da caridade.

Quando se dispuser a fazer o bem, indague de si mesmo se está preparado para levá-lo até o fim. Pergunte-se se não vai ficar no meio do caminho. Meça o tamanho da sua paciência, para não fazer sofrer alguém a quem o seu entusiasmo se dispõe a amparar.

Vai se dedicar a uma pessoa doente? Cuidado para não lhe causar mal maior, começando e não indo adiante na prática da sua caridade fraterna.

É fácil amar e ter piedade.

Trágico é não ir até o fim de sua piedade e de seu amor.

Seja mais irmão

Seja sempre bom. Seja cada dia mais generoso.

Procure ser mais e mais um irmão para o seu próximo.

Lembre-se de que o seu coração se estampa em sua fisionomia. Se pensa, deseja ou pratica o bem, é leve, suave e bondosa a sua face, como o seu olhar.

Ao contrário, se do seu coração nascem pensamentos, desejos e ações que significam o mal, outra é a sua aparência.

"O coração do homem altera o seu rosto quer para o bem quer para o mal" (Eclo 13,31).

Saber envelhecer

Não se apavore quando sentir que a vida corre em direção à velhice. Um dia você foi criança, quando outros, ao seu redor, já eram adultos. Hoje, você deixou os tempos de criança para trás. O que fez? Cresceu. Viveu.

Não tenha medo. Envelhecer não é ruim, quando se pode olhar o passado com dignidade.

Terrível, isto sim, é ter vivido sem crer na vida eterna. Muito pior, ainda, é envelhecer sem o dom da esperança que nos mostra aqueles horizontes infinitos da bondade de Deus.

A vida é um caminho aberto

A vida é um caminho aberto, não para a ociosidade, nem para o descanso, mas para o movimento da caminhada rumo ao destino final.

Deus não nos deu a vida para ficarmos de braços cruzados à beira do caminho, assistindo a passagem da procissão da natureza.

Cada um teve o seu dia de chegar e terá o de partir. Portanto, cada um tem uma colheita a realizar, para provar o que fez da sua vida. É a colheita das boas ações que praticou.

O orgulho não tem idade

O grande humanista francês Georges Bernanós dizia que, assim como a dor, o orgulho não tem idade.

O orgulho pode ser criança, moço ou velho. É força que se manifesta em qualquer fase da vida e cresce com os anos que a própria vida vai somando. Ele caminha agarrado à pessoa humana.

Mas, como antídoto, cura ou esmagamento do orgulho de cada um, em qualquer tempo da vida também, surge a dor, desagradável e penosa, mostrando ao ser humano que ele é pequeno demais para afrontar a Deus com o seu orgulho.

O ser humano é peregrino

Não há na terra uma pessoa completamente livre.

Por mais sábio, mais importante, mais poderoso e mais puro que seja, ninguém é tão livre que não tenha a quem obedecer, tão independente que não tenha um dever a cumprir.

É que o ser humano, aqui, é peregrino de uma missão a cumprir e da qual terá que prestar contas àquele que o enviou e para o qual retornará.

É que cada um de nós veio, mas não pode ficar.

Cada um está definitivamente comprometido com a vida eterna.

Paciência de Deus

Já se disse que o tempo é a paciência de Deus.

Cada ano vencido, cada mês passado, cada semana, dia ou hora, cada minuto, cada instante vivido no calendário de cada um de nós são pedaços de eternidade, nos quais o Senhor nos contempla, nos observa e se inclina para nós com infinito amor.

Enquanto nos permite morar no tempo, ele exercita sobre cada um de nós a sua infinita paciência, amando sem nem sempre ser amado, vendo-nos cair e nos levantando, presente em nosso espírito para dele não nos afastarmos.

É a paciência do Amor.

A dignidade está no compromisso

A dignidade da pessoa não está em se esconder no anonimato do "se":

Se eu puder... se eu quiser... se eu for...

A dignidade está em saber enfrentar diretamente qualquer situação como desafio que a própria vida lhe traz ou como teste que a Providência, de vez em quando, lhe quer oferecer.

A dignidade humana está em que cada um se comprometa efetivamente consigo mesmo, com a humanidade e com Deus.

Oração de São Francisco

Pense um pouco nesta oração de São Francisco de Assis:

Senhor, fazei de mim um instrumento de vossa paz!
Onde houver ódio, que eu leve o amor;
onde houver ofensa, que eu leve o perdão;
onde houver discórdia, que eu leve a união;
onde houver dúvida, que eu leve a fé;
onde houver erro, que eu leve a verdade;
onde houver desespero, que eu leve a esperança;
onde houver tristeza, que eu leve a alegria;
onde houver trevas, que eu leve a luz.

Senhor, que eu procure mais consolar que ser consolado,

compreender que ser compreendido,
amar que ser amado.

Pois é dando que se recebe,
é perdoando que se é perdoado,
e é morrendo que se ressuscita para a
vida eterna.

Ser otimista

Seja sempre otimista.

Olhe as coisas ao seu redor, como colocadas por Deus para o seu bem, sua saúde e sua felicidade.

Nada de medo. Nada de pensamentos negativos.

Afinal, de quem você é filho? Do bem ou do mal?

Você é filho de Deus, portanto, em você a substância que existe é a do bem – do bem infinito, contra o qual nenhuma força negativa avança, nem alcança.

Você está todo envolto no manto da proteção divina.

Confie!

Justiça

consigo mesmo

Acima de você há alguém que lhe é superior. Outro, abaixo, é um subordinado.

De qualquer forma, você está sempre em uma posição intermediária.

É hora de se colocar, em pensamento, na condição do superior que pode dar ordens ou premiar.

Coloque-se imediatamente na condição de subordinado que tem de obedecer e ser premiado.

Entre estes dois pratos da balança, procure estabelecer a justiça para consigo mesmo, a fim de ser justo para com os outros.

Sua verdadeira medida

Valorize a presença divina em você, na vida que lhe foi concedida.

Nunca seja escravo dos bens terrenos – passageiros, efêmeros, que ficarão aqui mesmo, não irão com você para a eternidade.

Valha pelo que é, jamais pelo que possui.

Não se deixe medir pelos bens materiais. Sua verdadeira medida é o seu patrimônio espiritual, aquele que está vinculado à sua alma eterna. É ele que terá que ser apresentado a Deus.

Tudo o mais ficará onde ficar a sua matéria.

Dignidade do trabalho

Trabalhar é a melhor maneira de se elevar e aperfeiçoar física, espiritual e moralmente.

Qualquer trabalhador, seja qual for a espécie ou a natureza do que faz, é um colaborador de Deus na obra da construção do mundo. Do cientista ao simples operário que coloca tijolo sobre tijolo na edificação de uma casa ou o simples lavrador que cultiva a terra, todos os que trabalham são dignos aos olhos do Senhor.

O trabalho habitua o coração a tratar os obstáculos como se fossem bons amigos.

Nossa autoridade vem de Deus

A autoridade que Deus lhe confiou – pequena ou grande, sobre poucos ou sobre muitos – você nunca pode exercer como se ela lhe fosse dada para o seu privilégio egoísta. Antes, tenha-a como um serviço a prestar ao seu semelhante, com desprendimento, com amor e sem a tola vaidade de ser superior a ninguém.

A sua autoridade provém de Deus, seu Criador. Ela há que ser missão de devotamento, de sacrifício para o bem comum, jamais um instrumento de gozo e um deleite para o seu orgulho.

Praticar
sempre o bem

Seja bom. Pratique sempre o bem. Onde quer que você esteja, espalhe a semente da sua bondade. Faça isso com tal prazer que deixe em toda parte as marcas do amor e da paz, que haverão de ser como rumos certos para os irmãos que vierem depois, a fim de que eles sigam os mesmos caminhos e imitem os exemplos do bem que você soube espalhar com tanta bondade.

Contagiando o mundo

Seja alegre e espalhe alegria onde estiver.

O mundo está precisando de sua alegria. Veja ao seu redor, quanta tristeza, quantos problemas. Os semblantes dos seus irmãos andam carregados, como se nada mais houvesse de bom sobre a terra.

Mesmo tendo de tomar consciência das suas próprias dificuldades, seja irmão e tente alegrar com sua força interior o ambiente em que se encontra.

Contagie o mundo com sua alegria.

Uma gota de orvalho

Uma gota do orvalho caiu na madrugada, assentou-se numa pétala de rosa e, com os primeiros raios do sol, tomou a aparência de um diamante, encantando a todos com o seu brilho e a sua pureza.

Outra também caiu e se misturou, coitada, com a terra, sujou-se, enlameou-se e ficou desprezível. Alguns nem a viram e até a pisaram com os inadvertidos pés humanos.

Que diferença você põe entre uma e outra?

Não vieram as duas do mesmo céu, no mesmo orvalho?

Fazer a vontade do Pai

Quem tem o desejo sincero de convencer usa a força do exemplo, muito mais do que a pregação da palavra.

É interessante observar como nós agimos diferentemente do Cristo Jesus. Ele falava sempre depois de praticar um ato, um gesto, um milagre.

Nós costumamos falar, falar... e só depois é que fazemos alguma coisa.

Não é quem fala, mas quem faz o merecedor do Reino dos Céus: "Nem todo aquele que me diz: 'Senhor! Senhor!', entrará no Reino dos Céus, mas quem faz a vontade do Pai" (cf. Mt 7,21).

Amai-vos

Um dia, em Cafarnaum, na casa de Pedro, perto da Sinagoga, Jesus conversava com os seus apóstolos sobre a essência do verdadeiro Amor.

Ele explicava que só pode amar a Deus quem tiver aprendido a amar o seu próximo por amor de Deus. Todos os doze o ouviam com a máxima atenção, observando nos seus olhos a divina sinceridade de suas palavras.

Deixou-lhes, enfim, estes preceitos:

"Como eu vos amei, assim também vós deveis amar-vos uns aos outros" (Jo 13,34).

"Amai os vossos inimigos e orai por aqueles que vos perseguem!" (Mt 5,44).

Confie no Senhor

Muito errados andam aqueles que atribuem a um castigo de Deus todo e qualquer sofrimento. Não seja um deles.

Deus ama, não castiga. Deus é Pai de todos, não é carrasco de ninguém.

Se ele usasse os sofrimentos e as doenças para se vingar das nossas faltas e dos nossos erros, então os Evangelhos não estariam repletos daquelas passagens nas quais vemos Jesus atraindo a si tantos sofredores e doentes para consolar e curar com divina Bondade.

Confie no Senhor!

A razão de viver

O amanhecer de cada dia, cada flor que desabrocha, cada nascimento que acontece, cada sorriso que se abre, cada Natal que renasce, cada ano que se renova em outro ano, devem ser para você uma razão a mais para sentir a vida e contemplar, agradecido, o infinito amor com que Deus passa diante de você.

Veja em cada uma dessas coisas boas a Bondade do seu Criador.

Bendiga a presença do Amor!

Bendiga a presença do amor de Deus através de algum sofrimento.

Ele costuma visitar os seus filhos fazendo-os rir no gozo da saúde e felicidade. É quando dá o seu amor.

Mas, às vezes, ele quer provar se é também amado. É quando faz o teste com a injeção de uma dor ou de uma lágrima.

Nessa hora, ele quer que você se lembre de que todos aqueles que passaram bem por esses testes chegaram lá em cima muito machucados, mas estão na glória de Deus.

Valorizar o dia a dia

Faça de cada dificuldade por que passar um degrau a mais para a sua perfeição.

A sua vida vale pelos esforços que você faz no sentido de dignificá-la, honrando ao Pai dos Céus que pensou em você para nascer e viver.

Valorize-se sempre com o seu trabalho, dia a dia, minuto a minuto.

Faça do seu tempo um movimento constante de luta pela sua grandeza moral e espiritual.

Descubra-se na sua potencialidade de vencer os obstáculos que surgem em seu caminho. Eles serão os degraus da sua subida.

Sair de si

Pense em si. Mas, procure pensar muito mais nos outros, que precisam de você.

Quando estiver pensando em si, não se esqueça de sair um pouco para que possa olhar ao seu redor e tomar conhecimento das necessidades do seu próximo, as quais, ao contrário do que você supõe, são muito mais de natureza moral e espiritual do que material.

Não fique em si, como se somente você existisse, ou como se o seu irmão nada valesse. A melhor recompensa para o seu coração é a que vem de uma boa ação praticada.

Toda vez que se surpreender triste é porque se dobrou sobre si mesmo.

Mulher-Mãe!

Sempre que encontrar uma casa em que todos riem felizes e se confraternizam no amor, tenha absoluta certeza de que ali está morando uma mulher esquecida de si mesma, dedicada ao cultivo do amor que produz a paz, a harmonia e a felicidade.

Essa mulher que se esquece de si para não esquecer os que dela dependem, essa mulher que só se alimenta quando todos estão bem alimentados, que não dorme enquanto alguém está acordado, só pode ser uma mãe.

Somos o pensamento de Deus

Nunca se esqueça de que você, como ser humano, é um capítulo especial na obra da criação. É um pensamento do amor divino.

Você é imagem e semelhança do seu Criador.

Se isso lhe constitui um privilégio, há que ser, necessariamente e por via de consequência, uma tremenda responsabilidade.

Procure conservar e mostrar essa imagem na qual Deus quer se refletir dentro de você.

Lembre-se de que o que mais o faz semelhante a Deus é a bondade que você terá sempre em seu coração.

Trabalho e oração

Não pretenda chegar a Deus por caminhos fáceis, entre os barulhos das alegres festas da vida. Antes, procure alcançá-lo em subidas de sacrifícios e no silêncio da sua oração.

O trabalho é um excelente veículo de aproximação do Pai, assim como a prece que nasce dos lábios do seu coração.

Trabalho e oração são os dois mais poderosos guindastes que realizam a sua subida para a perfeição.

Pratique-os e verá.

Estender a mão a quem precisar

A prática do Bem não está sujeita aos impulsos naturais da sua simpatia ou da sua amizade pessoal.

O mérito da Caridade, do Bem, está na indistinção das pessoas. Melhor diria que o mérito do Bem está em que ele seja praticado em favor de um semelhante – este "outro" que passa por seu caminho, cujo nome você nem precisa saber, cuja posição é bom desconhecer.

Venha ele de onde vier, mas, quem quer que ele seja, ser-lhe-á como o próprio Cristo a precisar de você.

Tudo
é dom de Deus

Veja bem o que Deus lhe deu:
pés para caminhar,
mãos para trabalhar,
língua e voz para falar,
olhos para ver,
ouvidos para ouvir,
inteligência para pensar
e um coração para sentir e amar.

Pode ser que ele queira, de repente, tomar emprestados todos ou qualquer um desses dons da vida, para ir ao encontro de quem precisa, para falar a quem o chama, ensinar ao que pede, consolar aquele aflito que chora...

Mantenha tudo em ordem para servir ao Senhor.

A verdade é uma só

Evite colocar-se como se fosse dono da verdade.

Não abra mão daquilo que a sua inteligência aprendeu como verdadeiro, a não ser no dia em que se convencer de que essa não é a verdade.

Por outro lado, respeite sempre a opinião do outro, enquanto ele a tem e defende como verdadeira.

Ninguém é dono da verdade, ao ponto de poder impô-la aos outros.

Nos aspectos subjetivos da inteligência, cada um vê a verdade conforme o seu prisma, mas ela é uma só. É universal.

Defenda aquela que você conhece e respeite a que o outro defende.

Afinal, a Verdade é Deus.

O poder da lágrima

Você já pensou na força e no poder da lágrima?

Pense agora um pouco no que vale essa gotinha de sentimento que nasce na genuína fonte do seu ser emotivo e cai dos seus olhos como expressão de você mesmo.

Ela é o retrato do sofrimento, do mesmo modo como é a doce resposta do amor e da felicidade. Ela diz tudo o que você sente bem no fundo do seu ser.

Ela é o brilho de uma dor que o Pai abençoou, mas é também a melhor prova do agradecimento pela alegria sentida.

A sua lágrima é a linguagem mais eloquente da sua sinceridade.

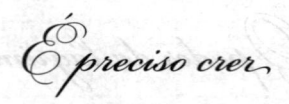

É preciso crer

Tenha Fé.

É preciso crer. É fundamental que você creia.

O que é Fé?

É infusão de Deus em nós. É Deus dentro de nós. É o próprio Deus conosco.

Ninguém, até hoje, ficou louco por crer, mas são muitos aqueles que enlouqueceram por terem perdido o endereço da Fé.

Ela é como a luz, cuja presença não sabemos explicar, mas que, sem ela, não sabemos viver.

O primeiro ato de Fé vem de Deus para nós. Daí por diante, temos que caminhar em busca de Deus, nos rumos da eternidade.

Manter a tranquilidade

Procure manter a tranquilidade da sua mente.

Você vive em meio a todo esse barulho que enerva o espírito e cansa o corpo. Não se deixe consumir pela azáfama da vida ao seu redor.

De vez em quando, sem criar mania, em sua mesa de trabalho ou em sua poltrona de descanso, concentre-se, feche os olhos por um instante, eleve o pensamento a Deus e diga a si mesmo: "Eu sou filho de Deus, por isso, estou protegido pelo seu manto de paz e a minha mente se conserva calma e tranquila. Deus seja louvado!".

Sou feliz!

Atraia felicidade para si, manifestando sua alegria cada vez que vir alguém feliz ao seu redor.

Cada vez que você tiver notícia de alguém feliz, louve a Deus por isso e deseje que muitos mais gozem a felicidade.

Todas as vezes que o seu semelhante manifestar junto a você um desejo, um sonho de felicidade, qualquer que seja, deseje em pensamento que ele alcance, pois com isso será feliz.

E sempre que for companheiro do seu irmão na busca de uma felicidade, você também estará sendo feliz.

O outro

Ninguém é rigorosamente estranho um ao outro.

Todos nós somos membros da mesma família humana que povoa a terra.

As diferenciações que existem nos idiomas que se falam, nas raças e nas cores, são muito superficiais em comparação com o que há de essencial, que é a vida animada pela mesma substância divina e eterna que se chama ALMA.

Todos os seres humanos, nasçam onde nascerem, vivam onde viverem, são filhos do mesmo Pai e, portanto, são todos irmãos.

Sintonizar com a vida

A vida é, toda ela, uma sintonia do Bem e da Verdade.

Sintonia é um estado ou uma posição de encontro e de harmonia com alguém ou alguma coisa.

Você sintoniza o seu rádio na estação que prefere, ou a sua TV no canal que melhor programa lhe oferece.

Sintoniza-se com as opiniões, tais e quais, dos seus amigos.

Sintoniza-se com a beleza das flores e com a preferência das cores.

Sintoniza-se com a vida, em cada instante que vive.

Mas, pergunte-se sempre, se você está bem sintonizado com Deus, seu Pai e Criador.

O que é felicidade

Feliz é todo aquele que adquiriu o precioso dom de transformar um quase-nada em quase-tudo.

Feliz é aquele que sabe dar valor quase infinito a um simples sorriso de bondade, debruçado nos lábios de um irmão.

Feliz é qualquer um que recebe cada manhã da vida com um pensamento de gratidão ao Pai.

São felizes todos os filhos de Deus, que só pela certeza de estarem vivendo repetem todos os dias: "Obrigado, Senhor!".

A vida não é tirada, é transformada

Não existe outra vida depois desta. O que existe é a continuação desta em outros planos que são os da eternidade...

Para existir outra vida, seria preciso que em cada um de nós existisse outra alma. Mas, aí, negar-se-ia a eternidade da alma que está vivificando cada ser humano, o que não se admite.

Então, o que haverá é a ausência da matéria – corpo – e a eterna sobrevivência do espírito em planos de perfeição.

"A vida dos filhos de Deus não é tirada, é transformada".

Origem da fé

A fé é um dom de Deus infundido em nossa alma. É dom espiritual e sobrenatural que a inteligência humana não consegue explicar, como tanta coisa existe que se não explica.

Vamos pensar que a fé é como aquele carretel de linha que você amarrou à entrada de uma gruta imensa e profunda. Foi desenrolando, ao passo em que ia penetrando nos corredores e salões escuros que se multiplicam e desorientam.

Você sairia daquela gruta, se não houvesse se agarrado ao novelo?

Certamente que não.

A fé é este formidável novelo que vem de Deus e não deixa que você perca o seu rumo eterno.

A luz é uma só

É curioso de se ver o zelo com que muitos perseguem a Verdade.

Ah! Se todos os seres humanos se preocupassem sinceramente em descobrir o que é verdadeiro e bom!...

Mas, embora possa ser vista sob diversos ângulos, a Verdade é uma só – universalmente única.

Olhe uma vitrina de joalheria. Veja aquele diamante lapidado e pronto. As suas facetas parecem mostrar, cada uma, a sua luz. No entanto, as facetas são muitas, mas a luz é uma só, como único é o brilhante ali exposto.

Assim, a Verdade é única, porque a luz que ela reflete em vários ângulos é uma só – DEUS.

Necessidade
de viver e vencer

Aprenda a receber as adversidades da vida como desafios à sua própria necessidade de viver e vencer.

Saiba que não tem tanto valor aquilo que vem de graça, quanto o que é conquistado com muito esforço e grande sacrifício, porque quem vive a ganhar, não tem oportunidade de contemplar um caminho que não percorreu por si mesmo. Aquele, porém, que se esforçou por conseguir, relembrará em cada pedaço do caminho um tempo de luta e um sabor de conquista.

Ser amigo

Você já ouviu muitas vezes que ter um amigo é como possuir um tesouro.

É bem verdade. Mas, consiga deter o seu pensamento na importância de ser um amigo fiel, no que isto representa de enorme potencial de riqueza interior.

Você, podendo fazer tanto bem ao seu semelhante, tornando-se verdadeiro amigo, sobretudo quando ele não tem nada mais a lhe oferecer e tem tanto para lhe pedir e de você receber...

Pense em como você pode emprestar a Deus as suas forças espirituais e materiais, físicas e mentais, para que ele, por seu intermédio, ajude alguém...

Deus nos criou por amor

Deus nos criou sem precisar de nós. Apenas com um pensamento de seu Amor. Mas, não se esqueça de que não nos salvará sem que nós queiramos.

A Criação é uma doação da Vida. Deus nos criou inteligentes e com o dom da liberdade que nos faculta a opção de vida... Por incrível que pareça, Deus nos destinou para o Bem, mas não nos escravizou ao Bem. Tanto que não temos o direito, mas temos a possibilidade de praticar o mal.

Pense sempre nesta frase de Santo Agostinho: "Deus te criou sem precisar de ti, mas ele não te salvará sem tua vontade".

A verdade é eterna

Tudo o que é falso morre sem criar raízes.

Somente a Verdade tem profundidade. Somente ela germina e frutifica, porque somente ela penetra a essência e cria substância.

Os erros não vicejam. Fazem o mal enquanto podem, mas depois desaparecem.

Os vícios derrotam os que deles se fizeram escravos e, depois, passam.

Todos os males corrompem, corroem e destroem, mas não conseguem permanecer por muito tempo.

Porque todos eles – erros, vícios e males – são falsos, isto é, não estão fundamentados na Verdade.

Esta é eterna, não pode passar.

A vida é um caminho em movimento

Existe apenas uma rivalidade capaz de dignificar o homem e torná-lo mais nobre – é a rivalidade do trabalho.

Se esta vida é caminho, se o caminho é movimento e se o movimento é trabalho, então a dignidade maior da vida humana consiste em trabalhar, porque somente ele é capaz de elevar o homem perante si mesmo, perante a sociedade e aos olhos de Deus.

A grande "gincana" da vida humana, a mais gloriosa, deveria ser a de quem chegasse primeiro no amor e na dedicação ao trabalho.

Viver em Deus

Viva sempre preocupado muito mais com o que Deus vê em você, e muito menos com o que as pessoas pensam a seu respeito.

Enquanto você se preocupar com os juízos dos seres humanos, estará vivendo de aparências, de hipocrisia, só para aparecer bem aos olhos daqueles que nunca terão direito de serem seus juízes.

Mas, se estiver permanentemente ocupado em viver bem aos olhos do seu Deus, você cuidará de se aperfeiçoar cada dia mais, com a certeza de que, depois, subirá no "pódio" da recompensa eterna de Deus.

O tempo da vida foi dado por Deus

Não seja ocioso. Lembre-se de que uma vida ociosa é como uma morte antecipada.

Deus não lhe deu a vida pra você a deixar parada no tempo, como se ela tivesse que ficar assistindo à procissão da natureza que passa.

A vida é um caminho. O caminho não foi aberto para a indolência e para a ociosidade, mas para o movimento, que tem o endereço da eternidade.

Você terá que prestar contas do que não fez, do mesmo modo como terá que responder pelo que fez durante o tempo de vida que ele lhe emprestou.

Sua consciência

Você, muitas vezes, vai à frente de um espelho. Para quê?

É claro, para ver o seu rosto. Não importa aqui saber se é para satisfazer à sua vaidade ou se é por natural necessidade.

Para pentear os seus cabelos. Para examinar seus dentes. Para observar uma ruga.

Enfim, para o dia a dia de si mesmo.

Disso você nunca se esquece, porque tem que se cuidar, para se apresentar diante dessa sociedade que observa as aparências externas.

Mas, quem pode ver como vai a sua alma?

Não se esqueça dela.

Consciência, o termômetro da vida

Você não tem o direito de enganar a ninguém.

Enganar é iludir. Iludir é mentir. Você não pode mentir.

Mas, a rigor, as pessoas podem ser enganadas.

Somente a consciência não engana, nem pode ser enganada. Ela é a própria alma que fala, denuncia e se manifesta, sempre em nome da Verdade.

É que a consciência é aquele termômetro que o Criador colocou no mais profundo do nosso ser para, assim como uma bússola, nos guiar e nos conduzir pelos caminhos do Bem, da Verdade e da Justiça.

A vaidade nos trai

Uma das coisas que mais colocam o ser humano em tremendo ridículo é a vaidade.

Ela é muito traiçoeira. Veste-se de louvor reluzente e inebria aquele que não teve a capacidade de fazer a autocrítica ao receber o elogio da sua beleza, da sua inteligência, do ato praticado ou daquela ponta de ironia, pela qual se julgou o herói da sua roda amiga.

Procure ser inteligente, sobretudo para não incorrer no ridículo a que estão sujeitos todos os vaidosos do mundo.

A honestidade atrai honestidade

Trate de ser honesto em todos os seus atos e pensamentos.

Quanto mais você se esforçar por ser honesto, mais admitirá que os outros também o são e menos desconfiará da desonestidade alheia.

É verdade que quando uma pessoa desconfia muito das outras é porque está se preocupando muito pouco em desconfiar de si mesma. Então, passa a medir o seu semelhante pelo seu próprio termômetro moral.

Talvez por isso, também, é que este mundo não tem melhorado.

Quem é bom tem olhos de bondade

Certa vez eu li que "o amor é a asa que Deus deu à alma para que ela possa subir até ele".

Amor, aqui, é a configuração da bondade.

Nunca se ouviu dizer de alguém que tendo sido bom na Terra, não tenha merecido o Céu. E já se afirmou que a bondade é a virtude humana que mais nos faz lembrar a imagem de Deus infinitamente misericordioso.

Quem é bom tem olhos de bondade até para ver os erros do outro. Tem coração para perdoar e tem braços e pernas para trabalhar e caminhar nos endereços do BEM.

Enfrentar com dignidade nossos erros

Faça tudo para ser sincero. Mesmo que lhe custe, seja sincero.

Ninguém tem o direito de exigir que você seja perfeito. Só Deus é perfeito.

Mas, qualquer um tem a obrigação de pensar que você não é mentiroso, que não vive calçando de esfarrapadas desculpas as suas naturais quedas.

Enfrente com dignidade os seus erros.

Assuma-os, não para deles se vangloriar, mas, para com eles ter a humildade de se corrigir.

Lembre-se de que atrás de cada desculpa quase sempre se esconde uma mentira.

Com você o mundo poderá ser melhor

"As leis humanas são como as teias de aranha: os pequenos insetos ficam presos nelas, ao passo que os grandes as rompem sem custo".

É uma triste verdade esta que nos faz meditar na pobre justiça humana, tão fraca e discriminatória que chega até a praticar injustiças.

Mas, se cada um de nós se esforçar por ser justo nas menores coisas que tiver de fazer, nos juízos que tiver de emitir, por certo, irá mudando esse mau conceito da justiça dos seres humanos e, um dia, o mundo será melhor.

Somos o brinquedo de Deus

Você desceu do pensamento divino como filho do Amor de Deus.

Ele pensou em você e o fez nascer.

Há um brinquedo de criança que me parece muito próprio para eu lhe lembrar neste momento. Você o conhece. É chamado "ioiô". Ele sai das mãos que o prendem como um carretel redondo. Escorrega para baixo, vai quase ao chão e, por força da mesma linha a que se prende, volta às mãos do seu senhor.

Nós somos este brinquedo que Deus tanto ama e ao qual deu asas para que possa retornar a ele.

O coração cheio de amor

Se Deus é a própria substância do Amor, como disse o evangelista João, então é de se concluir que a virtude mais necessária aos homens, que são filhos de Deus, é a virtude do Amor.

Como é bom estar perto de alguém que tem o seu coração cheio de amor!

É sempre muito agradável conviver com quem só tem bondade para repartir, vontade de fazer o bem e amor para distribuir. Esse amor que vem em cada gesto, em cada olhar, no sorriso e na ação, como partícula infinita do Amor de Deus.

Ser cada dia melhor

Jamais queira ser pior do que o outro.

A sua vocação é o bem, não o mal.

Você tem que se esforçar por ser bom, cada dia melhor.

Mas, isto não o tente a se presumir, em hipótese alguma, como sendo melhor do que os outros.

Seja, mas não ostente por tola vaidade. Seja, para dar exemplo e atrair os outros ao caminho do Bem.

Seja tão bom que o seu semelhante consiga ver em você o milagre da Bondade divina.

Seja tão bom que consiga afastar os outros do mal.

Temos valor por aquilo que somos

É bom que você esteja em permanente vigilância sobre os seus defeitos e quase nunca preocupado em vigiar os defeitos alheios.

Afinal, se tiver que ajudar alguém a se corrigir de algum, só aí é que lhe vai interessar conhecer o alheio. No mais, só para os seus próprios se volte, mesmo porque são esses que comprometem e enfeitam a sua personalidade e é deles que tem contas a dar. É deles que tem que se livrar.

A coisa mais difícil de se ver são os próprios defeitos. A mais fácil, são os defeitos alheios.

Procure inverter essa realidade para o seu bem.

Viver a própria serenidade

Conserve a sua serenidade. Ela é a melhor prova de que o seu espírito é forte e equilibrado.

Não permita que as suas obrigações, as agitações exteriores e o barulho de fora interfiram na sua paz interior, ao ponto de perturbarem a serenidade do seu espírito, sem a qual nem você será capaz de trabalhar bem.

Não se apresse em fazer as coisas, assim como quem quer se ver livre delas.

Lembre-se de que a maior inimiga da perfeição é a pressa.

Faça tudo com a serenidade de quem faz por amor.

O Pai jamais abandona

Sinta-se sempre forte por ter a certeza de que você é filho de Deus e jamais será abandonado.

Quando estiver sob a influência da saúde corporal ou da alegria que robustece o espírito, saiba que o Pai o assiste e, por isso, você é forte.

Quando, porém, se sentir abatido por uma enfermidade ou o seu espírito se encontrar amarrado àquele estado de abatimento que o faz ver-se sozinho e abandonado, pense em Deus e verá que ele coloca a mão sobre você.

Em qualquer situação, seja forte, dizendo como Paulo, o Apóstolo: "Tudo posso naquele que me dá força" (Fl 4,13).

Experienciar Deus

Medite sobre esse conselho do Divino Mestre:

"Quando orardes, não sejais como os hipócritas, que gostam de orar nas sinagogas e nas esquinas das praças, em posição de serem vistos pelos outros. [...] Tu, porém, quando orares, entra no teu quarto, fecha a porta e ora ao teu Pai que está no escondido. E o teu Pai, que vê no escondido, te dará a recompensa. Quando orardes, não useis de muitas palavras, como fazem os pagãos. Eles pensam que serão ouvidos por força das muitas palavras. Não sejais como eles, pois o vosso Pai sabe do que precisais, antes de vós o pedirdes" (Mt 6,5-8).

Ser irmão e amigo

Quando você tiver de advertir a alguém, mesmo a um empregado, faça-o de tal maneira que ele lhe possa antes agradecer do que se aborrecer.

Lembre-se de que errar é humano e você também pode errar. Nunca debite com tanto rigor o erro do seu subalterno, como se, amanhã, erro igual ou mais grave não pudesse ser cometido por você mesmo.

Seja irmão e amigo até o momento em que cumpre o dever de advertir e corrigir. Lembre-se de que a palavra e o tom de voz significam muito para o bem, como para o mal.

Ser ou não ser, depende de nós

Os feridos pela língua, desde o princípio do mundo, têm número milhões de vezes maior do que todos os feridos de guerras.

Não há coisa mais terrível do que a maledicência, a calúnia, a infâmia. Mesmo que quem dela é vítima tiver espírito tão superior que não se enlameie com ela; mesmo que ela consiga perdoar aos seus algozes, ela fere e compromete.

As sujeiras do corpo, as imundícies do exterior, essas a água lava e faz desaparecer. Mas, a infâmia, que atinge a honra e a alma, essa, só a força da Justiça divina consegue apagar.

Nós caminhamos dentro de Deus

Não creia em um Deus afastado e distante de você. Esse Deus não existe.

Creia e ame o seu verdadeiro Deus – Criador, Pai e Amigo – em todos os instantes e em todas as ocasiões da sua vida. Ele, que está na própria essência do seu ser, animando a sua existencialidade com a alma imortal que lhe deu e com a qual você, um dia, se apresentará diante dele, medindo o peso das suas fraquezas com o infinito da sua misericórdia e do seu Amor.

Dos corações nasce a Paz

Todas as coisas boas da vida nascem em ambiente onde reina a calma e a harmonia.

Não se conhece nada de bom que tenha suas origens plantadas na discórdia e no ódio. Da discórdia só nascem malquerenças e maledicências. Do ódio só podem surgir inimizades e guerras.

Mas, dos corações que convivem com o amor e a harmonia, não se pode esperar outra coisa senão PAZ, que é a tranquilidade na Ordem.

Ela é a felicidade.

Como vencer a solidão?

A solidão só existe para quem não tem vida interior.

Todo aquele que não admite a vida a não ser no contato permanente com o barulho, no meio de rodas que conversam, cantam, dançam e riem, esse dificilmente encontrará felicidade em ficar em contato consigo mesmo.

Mas, quem procurou buscar no silêncio outro modo de riqueza vital, pensando, lendo, escrevendo e até ouvindo a sua música ou acompanhando de dentro de sua casa a vida que se movimenta lá fora, esse tem todo o mundo dentro de si e se sente feliz.

Os benefícios da humildade

Seja bastante humilde para ser capaz de agradecer a quem lhe apontou um defeito seu.

Ao invés de se abespinhar, como se tivesse sido insultado, contenha-se, e logo compreenderá que a pessoa viu e teve a franqueza de lhe mostrar aquilo que você mesmo precisava ter notado e não notou.

Essa pessoa acaba de lhe fazer um bem, voluntária ou involuntariamente. Talvez outros estivessem até zombando desse seu defeito, mas sem a coragem de lho apontar. Foi esse quem o acordou, para que você possa se corrigir.

Pense nisso e receba a crítica com humildade.

Sua simplicidade cativa

Evite a arrogância e a prepotência. O que torna uma pessoa importante não é a posição que ocupa na sociedade, nem o dinheiro que possui, nem a autoridade que exerce. O que a torna particularmente bela e importante, querida e respeitada é a sua simplicidade, a sua educação no falar e no agir.

Os que são polidos, quanto mais importantes forem no que representam, mais simples e agradáveis se tornam. Não gritam, não dão ordens que diminuam a dignidade do outro.

Em resumo, são aqueles que, antes, dizem: "Por favor". E, depois, não se esquecem de dizer: "Obrigado".

Ser paciente
é uma arte

Seja implacável em sua posição com relação ao erro. Nunca seja condescendente ou tolerante com ele, para evitar que, por força de tanto transigir, você acabe se deixando envolver e contagiar.

Entretanto, bem outro deve ser o seu comportamento em relação aos que erram. Diante deles proceda com a sua melhor manifestação de caridade. Seja o mais paciente que puder, a fim de que, pela influência da sua bondade, eles se disponham a levantar-se e a tomar os rumos do Bem e da Verdade.

Aprender a conviver

Aprenda a conviver. Conviver quer dizer viver em companhia de alguém.

É tarefa que exige muito mais ciência e paciência do que viver sozinho.

Quem vive só está com toda a disponibilidade para, se tiver vontade, sair, passear, distrair-se.

Já o que tem de conviver nem sempre é livre para sair sem levar a outra parte de sua sociedade, sem magoar, sem construir um problema qualquer. E não é sempre que o outro também está disposto a acompanhar.

Então? É preciso ter espírito superior de compreensão e de amor para tornar possível a boa harmonia em casa.

Sua esmola seja um ato de amor

A doação da esmola só pode ser uma prática da Caridade. É o próprio Jesus quem fala: Quando deres esmola, não mandes tocar a trombeta diante de ti, como fazem os hipócritas nas sinagogas e nas ruas, para serem elogiados pelos outros. [...] Tu, porém, quando deres esmola, não saiba tua mão esquerda o que faz a direita, de modo que tua esmola fique escondida. E o teu Pai, que vê no escondido, te dará a recompensa" (Mt 6,2-4).

A sua esmola seja um ato de amor, não de humilhação ao pobre.

A importância da paciência

Alguma vez na vida você já se deteve em meditar sobre o quanto é importante a paciência?

Dizer-se que ela é virtude fácil de ser praticada, não seria verdade. Ao contrário, muitas vezes torna-se difícil. Algumas vezes, muito difícil. Admite-se que vez e outra ela pareça até impossível. Por isso mesmo é que ela é importante.

O exercício da sua perfeição moral e espiritual está em que você procure fazer, com sentido cristão, as coisas que são menos agradáveis.

Como você quer ser tratado?

Veja como você se irrita quando alguém lhe dirige a palavra em tom áspero e em voz alta. Há uma espécie de comoção quase irresistível em seu espírito, repelindo a grosseria de quem assim procede em relação à sua pessoa.

A mesma reação devem sentir aqueles aos quais você também se dirige asperamente e falando em voz alta.

É difícil suportar tal procedimento sem reagir. O tom áspero e a voz gritante agridem naturalmente o corpo e o espírito, não podendo evitar a repulsa.

Do mesmo modo como quer ser tratado, trate você aos outros.

As diferenças nos enriquecem

Aprenda a compreender o seu semelhante.

É muito errado querer-se igualdade humana. Nunca houve, nunca haverá.

Portanto, não exija dos outros que pensem e ajam como você.

Veja uma família. Cinco, seis filhos nascidos do mesmo útero materno. Cada um tem uma fisionomia, um temperamento, um timbre de voz, uma personalidade.

A mãe precisa compreendê-los como são, não como ela queria que fossem.

Ora, se irmãos de sangue são assim diferentes, como você quer exigir dos outros que sejam tais como você desejaria que fossem?

Construir com inteligência

Ame o seu trabalho. Trabalhe sempre com amor.

É profundamente desagradável para qualquer um ter que trabalhar só pela obrigação de trabalhar, sem nenhuma afinidade com ele, sem nenhum prazer em fazê-lo. É como aquele animal atrelado ao carro ou à carroça, cujo destino é puxá-lo, sem nem saber para onde.

Por outro lado, fazer com amor aquilo que você faz é renovar-se a cada instante, é crescer na sua própria dignidade, é construir com a inteligência e o coração o mundo no qual você habita e do qual você é um sócio efetivo.

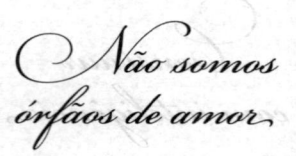

Não somos órfãos de amor

Confie na assistência que o Pai dos Céus lhe oferece.

Há muito em seu espírito de temor e dúvidas. Muitas vezes você se apanha dentro daquele emaranhado interior de incertezas, que o deprimem e o deixam em posição indefesa.

Você não é como folhas de árvore que, aos ventos do outono, se largam sozinhas e vão se perder nas relvas.

Lembre-se de que é imagem do seu Criador. Lembre-se de que é irmão do Redentor. Nunca se esqueça de que Deus é seu Pai e o ama eternamente.

O equilíbrio da vida

Faça bem tudo o que deve fazer.

A perfeição tem duas grandes inimigas: a pressa e a rotina.

A pressa em fazer as coisas sacrifica o zelo em fazê-las bem, no afã de ficar livre e passar para a frente. Os detalhes são abandonados.

A rotina é o fastio da obra a ser feita. É o desestímulo à ação. Aliás, rotina é o cupim da vida, consegue destruir aos poucos tudo o que toca.

Será bem feito tudo o que tiver sido feito com verdadeiro amor.

A arte de guardar segredo

Uma das coisas mais difíceis de ficarem guardadas é, justamente, aquilo que, pelo próprio nome, não poderia ser revelado – *o segredo*.

Quando tiver consigo um assunto sigiloso, não o revele a outrem, senão você mesmo já estará violando a natureza do sigilo.

Nada há que mais aguce a tentação de revelar e mais faça coceira na língua do que se ouvir um assunto com esta terrível marca – "segredo". De certa forma, quem o revela e pede ao outro que o oculte estará causando ao confidente grave incômodo e sujeitando-o a um suplício moral.

Não há morte para nós

A vida não é tirada, ela é apenas transformada.

Esta é uma verdade que você deverá ter sempre presente na sua melhor convicção.

Deus, ao nos dar a vida, animou-a de uma substância divina com a chama da imortalidade. Animar é dar alma. Alma é a própria vida. Vida é Deus.

Portanto, a nossa vida é eterna. Fomos feitos à imagem e semelhança de Deus. Ora, então, não há morte para nós. Somos filhos da eternidade. Somos filhos de Deus.

Voltar a casa

Uma das parábolas mais conhecidas nos Evangelhos é a do Filho Pródigo.

Aquele rapaz que tinha tudo na casa de seu pai, mas, um dia, resolveu ir embora com a desculpa de que precisava viver sua própria vida e sua liberdade. Pegou dinheiro e roupas bonitas e se foi. Enquanto tinha dinheiro, não lhe faltaram companhias. Quando o dinheiro chegou ao fim, ficou sozinho. Foi humilhado por todos.

Um dia, arrependido, voltou à casa do pai, disposto até a ser o mais humilde criado. O pai o recebeu com a maior festa e com a melhor afeição.

Cada pecador que retorna à Casa do Pai é como o filho pródigo. Será recebido com amor.

Temos o direito de esperar

A melhor maneira de se viver é não perder a Esperança. Ela é o único direito que você tem de contar com o amanhã, com o futuro.

Seria muito triste a vida de quem não tivesse o direito de esperar. Afinal, a virtude da Esperança é a confirmação da Fé. Só espera quem acredita, ou, melhor, só se espera aquilo em que se crê.

Espere sempre no que Deus lhe reserva, pelo que você tem feito na vida e pelo que tem feito da sua vida.

Confie em Deus, seu Criador.

Sua bondade ilumina meu caminho

A Bondade divina quer se refletir em sua vida, através da sua própria bondade.

Ser bom não é prestar favor a ninguém. Ser bom é ser fiel à sua origem divina. Se você tem a sua primeira origem em Deus, se procede da essência da infinita Bondade, outro não pode ser o seu destino, que não o de repartir essa bondade em favor dos seus irmãos, tal como o Senhor deseja e recomenda que você faça.

Seja bom, para ser sempre a imagem do Pai infinitamente Bom.

Só vence quem luta

Vencem na vida os que a encaram com permanente otimismo. Vencem sempre os que sabem lutar, sem perder a direção da vitória. Vencem aqueles que começam a luta pensando que, por mais árdua que seja, ela os leva para o endereço que se propuseram, sem pensar em derrotas.

Vencem aqueles que não desanimam em face das dificuldades e para os quais os obstáculos servem como degraus para a subida e para a consecução do objetivo.

Colhemos

o que semeamos

Você colherá sempre aquilo que semeou. Ninguém que tenha semeado o Bem poderá colher o mal. Disse Jesus que não pode a árvore boa dar maus frutos, assim como a árvore má não tem condições de produzir bons frutos.

Como a sua fonte é a do Bem, destino ingrato seria o seu se não vivesse inteiramente devotado à causa do Bem. Seria trágico que, sendo gerado pelo Bem, você tivesse a desgraça de fazer o mal.

Crer nos desafios é crescer

Creia na misericórdia de Deus em seu favor. Tenha certeza de que, por maior que seja a sua fraqueza, por mais sujeito que você esteja às quedas e aos pecados, lá nos Céus um Pai se inclina para sentir o seu arrependimento, a sua súplica e lhe responder com o seu perdão.

Creia nesta verdade, neste desafio: se um dia os pecados humanos não pudessem ser perdoados, então, aí, a maldade humana teria sido maior do que a bondade infinita de Deus. Coisa impossível!

Os irmãos se reencontrarão!

Quando perdemos um ente querido é certo que sofremos muito.

Isso é natural. Somos feitos de corpo e alma, temos um sentimento de afeição que se prende aos que vivem junto de nós. Por esta razão, nos apegamos à presença e choramos a ausência.

Mas, há o sobrenatural, isto é, a vida eterna, que, um dia, haverá de restabelecer esta presença com afeição infinitamente maior, porque nos planos da perfeição espiritual.

Os filhos tornarão a ver seus pais, os irmãos se reencontrarão, os amigos se abraçarão de novo.

É a vida eterna em Deus.

O que resta da vida?

Quando nossa confiança em Deus for tão simples como a da criancinha, que a todo instante e diante de qualquer sensação estranha corre e se atira nos braços de sua mãe, nesse dia o mundo será o *replay* do Paraíso Terrestre, onde a harmonia da natureza estará em perfeita sintonia com a da sobrenatureza. Será quando Deus e todas as suas criaturas voltarão a brincar de felicidade perfeita, porque a desconfiança não existirá mais, nem a maldade, nem o pecado; só a Fé, a Esperança e o Amor.

O essencial está no conteúdo da vida

Seja sempre um verdadeiro cristão. Os rótulos não são essenciais. A essência está no conteúdo da vida, não no denominacionalismo da sua vida.

O que é ser cristão?

É ser batizado no Cristo, é crer e professar tudo aquilo que ele disse e praticou ao longo dos seus 33 anos de vida na terra e em todas as suas promessas de eternidade. É senti-lo dentro de seu ser e vê-lo em cada pessoa que passe por você, ajudando-a sem perguntar quem ela é e como se chama.

Ser cristão é, sobretudo, saber ser irmão.

Repartir amor

Evite a acomodação que o afasta de servir aos outros.

Muitas vezes você tem a grande oportunidade de repartir todo esse imenso potencial de bem que se armazena em seu coração.

São tantas criancinhas órfãs e carentes do seu afeto, tantos velhinhos esperando o seu carinho, tantos doentes sem amigos, pedindo a caridade da sua visita…

E você, com tempo para dar, com amor para repartir, com vontade de ajudar, por que está aí esperando?…

O coração reconciliado

Certa vez alguém, aproximando-se do Mestre, perguntou-lhe como fazer para ser agradável a Deus. Jesus lhe disse que se tivesse uma oferta a colocar no altar, mas, tendo atrás de si uma inimizade qualquer, que voltasse, se reconciliasse com o seu desafeto e, só depois, entregasse a oferta a Deus.

Isso quer dizer que o melhor ofertório não é o das prendas materiais e, sim, o do amor no coração, o do perdão, o da paz.

Reconciliar-se é sempre um caminho mais curto para se chegar a Deus.

Como é bom ser otimista!

Seja otimista! Encare todos os problemas da vida como um teste de avaliação para as conquistas da vitória sobre cada um deles.

Tudo passa. Assim como as alegrias, também as dificuldades, por maiores que sejam. Nada é insuperável para quem sabe lutar e, sobretudo, para quem nunca se esquece da sua origem divina.

Ou será que você se esquece de que seu Pai o vê, o acompanha e o ampara em cada passo que dá?

Bom-dia, vida!

Habitue-se a dar "Bom-dia" à vida que se renova para você em cada manhã.

Observe a claridade da luz. Contemple a beleza do céu. Respire a energia que o ar lhe traz. Olhe para dentro de você mesmo e sorria feliz, porque tudo isso é Deus dentro de si e na natureza ao seu redor.

Levante todos os dias o seu pensamento, acorde o seu coração, encha-se da mais pura alegria e diga: "Obrigado, Senhor!".

Amor de mãe

Se você quiser pensar no que há de mais belo na natureza, por certo irá concluir que é o amor materno.

Se voltar o seu pensamento para alguém de quem você se esquece, mas que não se esquece de você, pensará em sua mãe.

Se imaginar alguém que só se alimenta depois que você se alimenta, que só dorme depois que você chega, será sua mãe.

Se descobrir que uma mulher se ajoelha diante da imagem da Virgem Maria e reza, chorando, por sua felicidade, saberá que ela é sua mãe:

> *Eu vi minha mãe rezando*
> *aos pés da Virgem Maria.*
> *Era uma santa escutando*
> *o que outra santa dizia.*

Sonhos e realidades

Tão fértil é a nossa imaginação que a ela costumamos nos entregar ao ponto de nos esquecermos da realidade.

Isso chega ao cúmulo quando nos entregamos de todo ao domínio dos sonhos, das ilusões. Sonhos e ilusões despertam em nós forças tão vivas e poderosas que passamos a entender que a vida só tem sentido em sua dependência e subordinação.

Por vezes se sofre mais com a morte de uma ilusão do que com a perda de uma realidade.

E os verdadeiros valores, onde estão?

Onde está o verdadeiro sentido da vida?

Onde está você?

Saiba sorrir

Deixe de lado este semblante pesado, esta fisionomia que confunde seriedade com mal-estar. Não passe aos outros a impressão de estar de mal com a vida. Isso não faz bem, nem a você nem aos que o veem.

É muito mais leve e agradável ver um semblante que traz um sorriso claro nos lábios e dá mais vida à vida dos seus olhos...

A sua bondade deve ser natural e permanente.

A melhor maneira de vivê-la nem sempre está nas prendas materiais.

Lembre-se de que, muitas vezes, em muitos casos, um simples olhar de bondade e um simples sorriso revestido de sincero afeto tem valor imensamente maior.

Jesus chorou

Jesus é nosso irmão. E isso significa amar até o sacrifício... até as lágrimas.

No Evangelho segundo João, encontramos uma destas eloquentes manifestações do ser humano e do amor de Cristo como irmão. Vejamos o que descreve o evangelista:

"Jesus tinha muito amor a Marta, a sua irmã Maria e a Lázaro. Certo dia, as irmãs mandaram avisar Jesus: 'Senhor, aquele que amas está doente'. Quando Jesus chegou, encontrou Lázaro já sepultado, havia quatro dias. Marta e Maria disseram 'Senhor, se tivesses estado aqui, meu irmão não teria morrido'. Jesus ficou comovido e ressuscitou o amigo" (cf. Jo 11,1-44).

Seja tolerante

Esforce-se sempre por descobrir aquela luz que brilha na alma de seu semelhante, seja ele quem for, sem se fixar no policiamento de seus defeitos

Habitue-se a contemplar o lado bonito e virtuoso que existe em cada um. Esta é, sem dúvida, uma boa maneira de você ser mais justo e compreensivo, mais generoso e mais cristão.

É, também, excelente oportunidade para ser um pouco mais exigente para consigo mesmo, vendo o quanto está longe do seu comportamento ideal.

Vigie-se mais e deixe de ser o vigia de seu irmão.

Homem justo

É muito interessante quando se procura nos Santos Evangelhos elogios para o pai adotivo de Jesus Cristo, São José. Mas inútil é esta preocupação porque, além de uma rápida referência às núpcias de José e Maria (Mt 1,26) e da fuga para o Egito (Mt 2,13), o melhor e substancial elogio está nestas duas palavras: "homem justo" (Mt 1,19).

Os livros sagrados colocam a virtude da justiça como joia de sabedoria: "Os sábios hão de brilhar como relâmpagos, os que educaram a muitos para a justiça brilharão para sempre como estrelas" (Dn 12,3).

Filhos de Deus

Quando Deus constituiu a sociedade humana, não a qualificou nem distinguiu entre negros e brancos, entre pobres e ricos, entre sábios e ignorantes.

Por que, então, entre os próprios homens, há quem teime e insista em fazê-lo?

A hipocrisia da sociedade comete a tremenda injustiça de discriminar cada ser humano pela cor de sua pele, pela sua posição social, por sua condição econômica ou até pela religião que professa.

Todos, no entanto, se unem, se irmanam, se igualam e se dão as mãos quando dizem juntos: "Pai nosso, que estais nos céus".

Deus feito homem

A teologia nos ensina que Jesus Cristo é, por força do mistério da união hipostática, verdadeiro Deus e verdadeiro homem.

O apóstolo São Paulo afirma que Jesus quis ser semelhante a nós em tudo, exceto no pecado (Hb 4,15).

Deus Filho saiu das infinitas distâncias da eternidade, veio à terra, nasceu como todos nós de uma mulher, sentiu todas as necessidades humanas: tristezas e alegrias, fome e sede, permitindo-se até a tentação. Enfim, somou em si os nossos problemas, levou-os à cruz, lavou-os com o seu sangue e nos deixou o direito à salvação e à felicidade eterna.

Pense em Jesus como seu irmão.

Ser justo

Há muitos que se ocupam em praticar atos de bondade e generosidade, com certa preocupação de serem vistos e reconhecidos como pessoas generosas e boas.

É muito meritória a generosidade; é sempre simpática a bondade. Devemos imprimir em nossa vida tais práticas como virtudes permanentes, porém, nunca nos esqueçamos de que devemos ser justos, antes mesmo de sermos generosos, pois é mais importante ser justo que ser generoso.

A generosidade agrada, enquanto a justiça recompensa e traz paz à consciência.

Vida cristã

Do diário íntimo do saudoso Papa João XXIII, esta reflexão: estava ele sentado à beira de um córrego. As águas deslizavam límpidas e transparentes, deixando as pedras do fundo à vista. Uma pedra arredondada lhe chamou a atenção: "Há quanto tempo essa pedra está ali, permanentemente banhada pelas águas que passam... Mas" – pensava o Papa – "ela só se deixa molhar por fora, a água não consegue penetrar o seu interior. É como muitos dos nossos irmãos, que se deixaram mergulhar nas águas do Santo Batismo, mas nunca permitiram o mergulho de Jesus Cristo em sua alma, em sua vida".

Que pena!

O passado

Há muita gente que só se preocupa com as coisas que está fazendo ou com aquelas que pretende fazer, isto é, só sabe dar valor ao agora e ao amanhã de sua vida. Deixa as coisas do passado como se elas já estivessem mortas.

Terrível engano! Tudo aquilo que fizemos no passado marca de tal forma a nossa vida, que se torna consequência inevitável.

Quem se deteve em praticar o mal, quem cultivou o ódio, quem viveu somente para si, em grosseiro egoísmo, sentirá as consequências de seus erros vida afora.

Mas, como é bom poder olhar para o passado e saber que esta tranquilidade interior de que se goza é fruto de todo bem antes praticado...

Serenidade

Você já observou que, por causa da vida corrida, agitada e violenta dos dias atuais, a humanidade parece estar mais impaciente e agressiva?

Nos lares, no trabalho, no trato social há um ambiente pesado, irascível, por vezes quase insuportável, expulsando até as boas maneiras da convivência humana.

Nessas horas, vale a pena fazer uma pausa e rezar: "Senhor, dá-me serenidade para aceitar tudo aquilo que não pode e não deve ser mudado. Dá-me forças para mudar tudo o que pode e deve ser mudado. Mas, acima de tudo, dá-me sabedoria para distinguir uma coisa da outra".

Vida cristã

Você crê em Deus. Quando vai a uma igreja, é claro, ajoelha-se e reza.

Mas, a Igreja não é unicamente a casa onde se entra somente para rezar. É muito mais do que isso.

A Igreja é sincera e permanente busca de Nosso Senhor Jesus Cristo, à luz dos santos Evangelhos, vivendo segundo os ensinamentos do Mestre Divino, praticando as virtudes que dão a cada um de nós o sagrado direito de poder pensar e dizer: sou cristão.

Ser cristão é viver como afirma o apóstolo Paulo:

"Eu vivo, mas não eu: é Cristo que vive em mim" (Gl 2,20).

319

A palavra

Tome muito cuidado com o que fala. A palavra é o instrumento que Deus lhe dá para se comunicar com os seus semelhantes e para transmitir a força do seu pensamento.

Mas, lembre-se de que a palavra é como espada de dois gumes: tanto pode edificar como destruir.

Se você fizer dela uso como instrumento do amor, da verdade, da justiça, ela lhe será uma bênção divina.

Se, ao contrário, dela você se utilizar para a infâmia, a injúria e a calúnia, tenha certeza de que ela se voltará contra a sua consciência e o castigará de forma impiedosa.

Oração de agradecimento

Obrigado, Senhor,
por mais um dia que me dás,
pelo alimento à minha mesa,
pela família da qual sou parte,
por amar os meus irmãos,
por buscar sempre ser justo,
por saber perdoar as ofensas,
pela consciência das minhas faltas.

Obrigado, Senhor,
por crer em ti, por amar a tua Igreja,
pelo bem que pude praticar,
pelo mal que eu soube evitar.
E porque me deste a Fé,
me alimentas a Esperança
e me fazes filho da tua Caridade.
Por tudo, enfim, obrigado, Senhor!

Pe. Nobre

Sumário